"十二五"职业教育国家规划立项教材
财政部规划中等职业学校财经商贸类教材

# 人身保险实务

王媛媛 主编

中国财经出版传媒集团
中国财政经济出版社

**图书在版编目（CIP）数据**

人身保险实务 / 王媛媛主编．—北京：中国财政经济出版社，2017.3
“十二五”职业教育国家规划立项教材　财政部规划中等职业学校财经商贸类教材
ISBN 978－7－5095－6412－7

Ⅰ.①人…　Ⅱ.①王…　Ⅲ.①人身保险－中等专业学校－教材　Ⅳ.①F840.62

中国版本图书馆 CIP 数据核字（2015）第 237325 号

责任编辑：马立祥　　责任校对：徐艳丽
封面设计：汪俊宇　　版式设计：董生平

中国财政经济出版社 出版
**URL**：http：//www.cfeph.cn
E－mail：cfeph@cfeph.cn

社址：北京市海淀区阜成路甲 28 号　邮政编码：100142
营销中心电话：88190406　北京财经书店电话：64033436　84041336
北京京华虎彩印刷有限公司印刷　各地新华书店经销
787×1092 毫米　16 开　8.5 印张　197 000 字
2017 年 4 月第 1 版　2017 年 4 月北京第 1 次印刷
定价：21.00 元
ISBN 978－7－5095－6412－7/F·5166
（图书出现印装问题，本社负责调换）
本社质量投诉电话：88190744
**打击盗版举报热线：010－88190492、QQ：634579818**

# 编写 说明

本教材是“十二五”职业教育国家规划立项教材、财政部规划中等职业学校财经商贸类教材。

多年来，我国保险业保持了惊人的发展速度，成为国民经济中发展最快、最具活力的朝阳产业之一，取得了举世瞩目的成就。

按照我国保险业高速发展的要求，现在需要大量的保险专业人才，但事实是中国保险市场的迅猛扩张让各公司的人才储备越来越捉襟见肘，特别缺乏具有较强实际操作能力的高素质劳动者和技能型专门的保险从业人员。

高等院校培养的高层次的保险人才，远远达不到现在保险业对人才的需要，这就需要我们在保险基础教育环节还要加大投入。保险业是一个实践性很强的行业，需要在培养人才过程中注重理论学习与实践相结合，坚持在学习知识的过程中积极参加实践，在实践工作中不断提高自己的理论知识。基于此，我们编写了这本《人身保险实务》教材。

该教材是纳入“十二五”职业教育国家规划教材中的一本，严格按照“十二五”职业学校金融事务专业教学标准编写。在编写过程中，我们力求贴近岗位需要设计教材内容，力求突出培养应用型人才的思路，结合参编者多年来从事保险教学的实践，融汇了编者到企业顶岗实习的经验和体会，聘请保险行业专家共同编写了这本具有较强实践性和可读性的教材。

本教材具有以下特点：

1. 贴近岗位需要，行动导向的教材内容。按照保险岗位的典型工作内容和流程设计学习模块，用“项目”、“任务”、“步骤”等作为载体呈现内容，形成“学习目标”、“导入案例”、“任务描述”、“工作情景”、“业务分析”、“业务流程”、“业务实施”等内容结构，充分体现出“做中学、做中教”的职教特色。

2. 校企合作的编写模式。在教材内容选取、编写体例上，主编教师提出编写大纲，经讨论后交企业专家审定把关。

3. 丰富的栏目，活泼的教材形式。在呈现形式上，以图文表并茂的方式呈现内容，对需要引起学生重视的内容，加入“温馨提示”、“知识链接”、“练一练”等栏目，以引起学生学习过程中的关注点，启发他们自主探究的学习能力。

4. 具备考取保险行业职业资格证的能力。该教材注重保险基础理论知识与实务操作技能的结合，培养学生解决保险领域实际问题的能力，使学生具备考取保险职业资格的能力并对职业素养的提高很有帮助。

本书由王媛媛主编，负责全书的总纂、统稿工作；参加编写工作的还有任丽萍、田蕊老师；本书的审定由保险公司和相关企业专家完成。教材编写工作分工如下：王媛媛负责编写项目一、项目三和项目四；任丽萍负责编写项目二；田蕊负责编写项目五。

课时分配表

| 项目 | 任　　务 | 课时 |
|---|---|---|
| 项目一　保险从业准备 | 任务一　岗前培训 | 2 |
| | 任务二　岗位训练 | 2 |
| 项目二　人身保险销售业务 | 任务一　个人人身保险销售业务 | 14 |
| | 任务二　团体人身保险销售业务 | 8 |
| 项目三　人身保险承保业务 | 任务一　个人人身保险承保业务 | 14 |
| | 任务二　团体人身保险承保业务 | 8 |
| 项目四　人身保险理赔业务 | 任务一　个人人身保险理赔业务 | 12 |
| | 任务二　团体人身保险理赔业务 | 8 |
| 项目五　人身保险客户服务业务 | 任务　售前售后服务 | 4 |
| 合计 | | 72 |

本书在编写过程中，参考和采纳了国内同类教材和互联网有关文献资料，以及中国人保健康保险公司、中国人保财产保险公司、中国人寿保险公司等多家保险公司的资料，在此一并表示感谢。本书以为使中等职业学校学生达到保险知识与实践相结合为目的而编写，同时也适合高职院校相关专业、企业保险人员培训选作教材，还可以作为感兴趣读者的学习与参考读物。

本书为用书学校任课老师提供了课后习题答案和电子课件，如有需要，请登录中国财经教育网（cjjc. cfeph. cn 或 www. zgcjjy. com）下载。

本书为应用型立体化教材编写的一次努力与尝试，限于编者水平，难免存在不足和错漏之处，恳请有关专家、读者不吝批评指正。

编　者

2017 年 1 月

# 目录

# 项目一
# 1 保险从业准备

## 学习目标

□ 熟悉保险要素与特征、职能和作用、人身保险知识

□ 掌握保险的不同分类

□ 会操作：运用保险的基本原则、分析案例

### 导入案例

汶川大地震，发生于北京时间2008年5月12日14时28分，震中位于四川省阿坝藏族羌族自治州汶川县境内、四川省省会成都市西北偏西方向90千米处。根据中国地震局的数据，此次地震面波震级达8.0Ms、矩震级达8.3Mw，破坏地区超过10万平方公里。截至2008年9月18日12时，大地震共造成69227人死亡，374643人受伤，17923人失踪，是新中国成立以来破坏力最大的地震，也是唐山大地震后伤亡最最惨重的一次。

自保监会2014年6月10日数据显示，保险业共接到地震相关保险报案24.9万件，初步核实，被保险人死亡1.63万人，伤残2440人，被保险房屋倒塌14.5万间，已付赔款2.95亿元。其中，人身保险已赔付1.65亿元，财产保险已赔付1.29亿元。

# 任务一
# 岗 前 培 训

## 任务描述

一般保险公司都会组织新上岗的人员进行岗前培训。

## 工作情景

1. 活动地点：保险模拟教室。
2. 角色分配：新上岗的人员。
3. 有关业务：

（1）认识保险要素与特征。

（2）认识保险的分类。

（3）认识保险的职能和作用。

（4）认识保险的基本原则。

## 业务分析

1. 认识保险要素与特征。
2. 认识保险的分类。
3. 认识保险的职能与作用。
4. 认识保险的基本原则。

## 业务实施

### 步骤一　认识保险要素与特征

#### （一）保险要素

1. 保险——指投保人根据合同约定，向保险人支付保险费，保险人对于合同约定的可能发生的事故因其发生所造成的财产损失承担赔偿保险金责任，或者当被保险人死亡、伤残、疾病或者达到合同约定的年龄、期限时承担给付保险金责任的商业保险行为。

（1）从经济角度看：一种财务安排，即分摊损失。

（2）从法律角度看：一种合同安排，体现民事法律关系主体之间的权利与义务关系。

（3）从风险管理角度看：分散风险，消化损失，“精巧的稳定器”。

2. 保险要素包括：

（1）可保风险的存在：风险是纯粹的风险；风险是意外发生；大量标的损失可能性；导致重大损失的可能；不能使大多数标的同时损失；风险必须具有现实的可测性。

（2）大量同质风险的集合与分散。

（3）保险费率的厘定：公平性原则；合理性原则；适度性原则；稳定性原则；弹性原则。

（4）保险准备金的建立：指保险公司为了保证如约履行赔偿或者给付保险金责任，从保险费或盈余中提取的与其承担保险责任相对应的基金。

（5）保险合同的订立：保险合同主要是保险单，被保险人通过购买保险单把损失风险转移给保险人。

### （二）保险特征

1. 经济性：体现保障与经济补偿的关系。

2. 商品性：特殊的劳务商品，等价交换的经济关系。

3. 互助性：“一人为众，众人为一”。

4. 法律性：以合同形式体现双方当事人的权利与义务。

5. 科学性：以概率论和大数法则为数理基础，保险费率的厘定和保险准备金的提存都以科学的数理计算为依据。

## 步骤二　认识保险的分类

### （一）按照实施方式分类

1. 强制保险——指国家通过法律或行政手段强制实施的一种保险。

2. 自愿保险——指投保人与保险人在平等自愿的基础上订立保险合同的一种保险。

### （二）按照保险标的分类

1. 财产保险——指以财产及其有关利益作为保险标的的一种保险。

2. 人身保险——指以人的寿命和身体作为保险标的的一种保险。

### （三）按照承保方式分类

1. 原保险——指投保人与保险人之间直接签订保险合同的一种保险。

2. 再保险——指保险人将承保的风险转移其他保险人的一种保险。

### （四）按照风险转移层次分类

1. 共同保险——指几个保险人**共同承保**同一保险标的、同一风险、同一保险利益的一种保险。

2. 重复保险——指投保人以同一保险标的、同一保险事故、同一保险利益分别与两个以上保险人投保的一种保险。

3. 复合保险——指投保人以保险利益的全部或者部分，分别向几个保险人投保相同种类保险，签订几个保险合同，其保险金额总和不超过保险价值的一种保险。

## 步骤三 认识保险的职能和作用

### （一）保险的基本职能

1. 分摊损失职能。保险人根据大数法则集合足够多的投保成员，通过向众多的投保成员收取保险费来分摊其中少数不幸成员遭受的损失，将相对少数成员的损失转嫁给所有投保成员共同承担。

**知识链接**

某社区1000户家庭均面临火灾风险，据统计平均每年都有一户遭受火灾损失10000元左右。但是，到底哪一户发生火灾不可预知，所以每户都要进行风险管理，若每年损失为10000元，人们想将风险转移给保险公司，于是那就由1000户平摊这笔费用，每家出10元保险费给保险公司。若当年有某个家庭发生火灾，保险公司就给遭受损失的家庭10000元的补偿，实质上就是把损失平摊到了每个家庭当中，而每个家庭只损失10元钱而已。

2. 补偿损失职能。补偿损失原则，是指被保险人所获得的赔偿不得超过其所受到的损失，被保险人不能因保险关系而获得额外利益。

它是保险的核心职能。补偿损失职能主要就是财产保险和责任保险而言。对于人身保险而言，其中的人身意外伤害保险和健康保险带有一定的经济补偿性质。对于人寿保险没有这样的性质，它是被保险人付出一定的保费，以换取以后的经济上的保障。

### （二）保险的派生职能

保险的派生职能主要是防灾防损职能。它是社会共同的任务，社会上有不少专职的防灾防损部门，如公安消防、交通安全、生产安全、劳动保护等部门。防灾防损也是保险经营的重要手段，通过事前预防，可以减少损失。

**知识链接**

三峡工程中永久船闸是个重要的单项工程，在永久船闸的无水和有水调试过程中，这项工程的保险人平安保险公司邀请武汉大学和长江水利委员专家亲赴现场进行风险查勘，对可能出现的问题进行深入的了解和探讨，并向三峡建设总公司提出关于“液压系统的保护、人字门的抗风、闸门底枢部件的防护等问题提出合理的建议，并提交防损减灾的建议书。客户对平安公司提出的防灾减灾服务非常满意，并采取了必要的措施。

## 步骤四　认识保险的基本原则

### （一）最大诚信原则

保险双方在签订和履行保险合同时，必须以最大的诚意，履行自己应尽的义务，互不欺骗和隐瞒，恪守合同的认定与承诺，否则将导致保险合同无效。

**练一练**

李某因患肺气肿病不能工作办理了提前病退手续。2012 年 12 月，某保险公司代理人到李某所在公司的员工宿舍推销保险。看了相关保险条款的内容后，在代理人的动员下，李某当即填写了投保单，在健康询问栏中填写了“健康”字样，为自己投保了简易人身保险。保险期间从 2012 年 12 月 18 日开始。此后，李某按时交纳保险费。2015 年 5 月 17 日，李某因肺心病去世，李某之子携带被保险人的死亡证明，到保险公司报案，要求保险公司支付保险金。保险公司能否赔付？

### （二）保险利益原则

保险利益——指投保人或被保险人对保险标的所具有的法律上承认的利益。在签订、履行过程中，投保人必须具有保险利益，否则，保险合同无效。

1. 财产保险合同中投保人或被保险人必须始终都有利益。
2. 人寿保险合同中投保人在合同履行后不一定具有利益。

**练一练**

张某于 2012 年 2 月 3 日为其妻李某购买了一份一年期人身意外伤害保险，保险金额为 10 万元，合同中指定张某为受益人。2012 年 9 月 1 日双方离婚。2012 年 12 月 4 日被保险人李某遭遇车祸导致身亡，张某向保险公司提出索赔。试分析保险公司应如何处理此案？为什么？

### （三）损失补偿原则

损失补偿原则——保险人承担被保险人在保险事故中的人身、财产等经济损失，按照保额给付或者补偿保险。

练一练

新华有限责任公司向中国人民保险公司投保了企业财产保险，保险有效期从2013年1月开始，期限为一年；保险金额为3000万元，投保时财产的总价值为3000万元。2014年9月，新华有限责任公司因保险风险意外失火，损失1200万元，由于物价因素，此时的财产总价值为3600万元。新华有限责任公司向保险公司提出索赔，保险公司应赔偿公司多少保险金额？

### （四）损失补偿派生的原则

1. 重复保险的分摊原则。重复保险——投保人对同一保险标的、同一保险利益、同一保险事故分别向两个以上保险人订立合同且保额的总和超过保险价值的保险。

练一练

赵某向A保险公司投保了家庭财产保险，保险金额5万元。赵某所在单位又替职工向该地B保险公司集体投保家庭财产保险，每户保险金额3万元。两份保险单均无特别约定条款。在两份保险单都有效的期间内，赵某的家庭遭受火灾，造成损失4万元。赵某向两家保险公司提出赔偿请求，两家保险公司该如何赔偿？

2. 代位追偿的原则。代位追偿——是损失补偿派生的原则。在财产保险中，标的发生事故推定全损，或标的由于第三者责任造成损失，保险人履行赔偿责任后依法取得对标的的所有权或对第三者的追偿权。

### （五）近因原则

1. 近因——风险与损失之间，最直接、最有效、起决定作用的原因，非时间或空间上最直接的原因。

2. 保险损失的近因——指引起保险事故发生的最直接、最有效、起主导作用或支配作用的原因。

3. 近因原则——在风险与保险标的的损失关系中，如果近因属于被保风险，保险人应负赔偿责任，近因属于除外风险或未保风险，则保险人不负赔偿责任。

练一练

某企业向当地保险公司投保了企业财产保险。在保险有效期内，该企业附近的监狱有犯人逃狱，监狱的军警追了出来，朝天鸣枪示警，子弹意外地击中空中的电线，电线断落在该企业的房屋上，引起火灾。该企业遂向保险公司提出赔偿请求，能否得到赔偿？

## 综合训练

### 一、单选题

1. 从风险管理角度看，保险是一种（　　）的机制。

A. 商业行为　　B. 有效的财务安排

C. 合同管理　　D. 分散风险、消化损失

2. 从经济的角度看，保险是分摊意外事故损失和提供经济保障的一种非常有效的（　　）。

A. 风险转移　　B. 财务安排

C. 合同管理　　D、分散风险、补偿损失

3. 按照实施方式，保险可分为（　　）。

A. 原保险、再保险　　B. 共同保险、重复保险

C. 强制保险、自愿保险　　D. 财产保险、人身保险

4. 人身保险是以被保险人的（　　）作为保险标的的一种保险。

A. 人的寿命　　B. 人的寿体

C. 被保险人的身体　　D. 人的寿命和身体

5. 财产保险是以（　　）为保险标的的一种保险。

A. 利益　　B. 信用

C. 财产　　D. 财产及有关利益

6. 最大诚信原则是指（　　）在签订和履行保险合同时，必须以最大的诚意，履行自己应尽的义务，互不欺骗和隐瞒，恪守合同的认定与承诺，否则导致保险合同无效。

A. 保险人　　B. 被保险人

C. 保险双方　　D. 投保人

7. 投保人对保险标的所具有的法律上承认的利益称为（　　）。

A. 保险利益　　B. 经济利益

C. 法律权益　　D. 经济权益

8. 保险损失的近因，是指在保险事故发生时（　　）。

A. 时间上最接近损失的原因　　B. 引起损失发生的第一个原因

C. 空间上最接近损失的原因　　D. 最直接、最有效、起主导或支配作用的原因

### 二、多选题

1. 保险特征包括（　　）。

A. 经济性　　B. 商品性

C. 互助性　　D. 法律性

2. 按照保险标的分类，保险可分为（　　）。

A. 财产保险　　B. 原保险

C. 人身保险　　D. 再保险

3. 保险的基本职能包括（　　）。

A. 防灾防损　　B. 分摊损失职能

C. 补偿损失职能　　D. 投资职能

4. 保险的基本原则包括（　　）。

A. 最大诚信原则　　B. 保险利益原则

C. 损失补偿原则　　D. 近因原则

5. 损失补偿派生的原则包括（　　）。

A. 保险利益原则　　B. 最大诚信原则

C. 代位追偿的原则　　D. 重复保险的分摊原则

# 任务二
# 岗 位 训 练

## 任务描述

人寿或健康险保险公司的员工，上岗之前都要进行专门业务培训，以熟悉本公司的人身保险产品，以便为客户提供优质的服务。

## 工作情景

1. 活动地点：保险模拟教室。
2. 角色分配：新上岗的人员。
3. 有关业务：

（1）认识人身保险知识。

（2）认识人寿保险知识。

（3）认识人身意外伤害保险知识。

（4）认识健康保险知识。

## 业务分析

1. 人身保险含义、种类。
2. 人身保险种类中的最基本，业务量最大的人寿保险含义、种类、特征。
3. 人身保险种类中的人身意外伤害保险的含义、种类、特征。
4. 人身保险种类中的健康保险的含义、种类、特征。

## 业务实施

### 步骤一 人身保险知识

#### （一）人身保险的含义

人身保险——指以人的生命或身体作为保险标的，被保险人发生死亡、伤残、疾病等事故，或生存到保险期限满时，给付被保险人（受益人）保险金的一种商业保险。

#### （二）人身保险的种类

1. 按照保险责任分类：

（1）人寿保险：以人的寿命为保险标的的保险。传统的人寿保险可分为死亡保险、生存保险和两全保险。年金保险作为生存保险的特殊形式而在寿险中占居重要位置。在全部人身保险业务中人寿保险一般占绝大部分。因而人寿保险是人身保险的主要的和基本的种类。

（2）人身意外伤害保险：意外伤害保险是以人的身体为保险标的，以被保险人因遭受意外伤害事故造成死亡或残废为保险事故的人身保险。由于意外伤害保险的费率低、保障高、手续简便，所以承保人次很多。

（3）健康保险：健康保险是以被保险人的医疗费用支出、疾病致残、生育或因疾病、伤害不能工作而减少收入为保险责任的人身保险。健康保险的保险责任包括医疗、疾病造成的残废、收入损失等。在健康保险中，其主要险种是医疗保险。

2. 按照保险承保方式分类：

（1）团体保险：团体保险是指用一张总的保险单对一个团体的成员提供人身保险保障的保险。

（2）个人保险：个人保险是指一张保险单只为一个人提供保障的保险。实践中，个人保险最为常见。

3. 按照保险期限分类：

（1）长期业务：是保险期限超过一年的人身保险业务。人寿保险一般属于长期业务。

（2）一年期业务：是保险期限为一年的人身保险业务。人身意外伤害保险、健康保险可以是一年期业务。

（3）短期业务：是保险期限不足一年的人身保险业务。只保一次航程、一次旅程的游客意外伤害保险或公共场所意外伤害险。

4. 按照保险实施方式分类：

（1）强制保险：强制保险又叫法定保险，是根据法律、制度的规定而自动生效的，不管被保险人是否愿意投保，或保险人是否愿意承保，都得依照规定成立保险关系。如政府开办的社会保险、机动车第三者责任保险。

（2）自愿保险：是保险双方当事人在公平自愿的基础上，通过订立合同而形成的保险关系。人身保险中的绝大部分业务都是自愿保险。

## 步骤二 人寿保险知识

人寿保险是人身保险中最基本、最主要的种类，是人身保险中发展最早、也最为发达的保险种类，几乎是人身保险的代名词，也是作为保险代理人推销的最主要的险种。

### （一）人寿保险的概念

人寿保险又称生命保险，简称寿险，是以被保险人的寿命为保险标的，以被保险人的生存或死亡为保险事故，投保人向保险人支付一定数量的保费，当被保险人在保险期内死亡或到了保险合同约定的年龄、期限时生存，由保险人向被保险人或受益人给付约定的保险金、提供经济保障的一种保险业务。

### （二）人寿保险的特点

1. 承保风险的相对稳定性。人寿保险承保人的死亡或生存，其发生具有必然性。从总体上来看，人寿保险的死亡风险事故发生随年龄增加而增加，按照人的生命规律，具有分散性，但是其变动完全有规律可循，人的死亡或生存概率在很长一段时间是相对稳定的，据此就能精确地计算出出险概率，根据生存率、死亡率、利息率和费用率计算出的保险费也就比较客观准确。所以人寿风险具有相对的稳定性，由此决定了寿险经营的稳定性。

2. 保险期限的长期性。人寿保险的保险期限较长，多为中长期合同，期限一般都在3年以上，有的可长达十几年、几十年、甚至人的一生。

3. 不存在重复保险和代位追偿。财产保险以损失补偿为其最基本原则之一，并基于该原则而派生出重复保险分摊和代位求偿权等原则。人寿保险是以被保险人的寿命为保险标的，生命无法用货币来衡量，因此，人寿保险不存在超额投保和重复保险的问题。补偿原则不适用于人寿保险，投保人可以同时为被保险人投保几种人寿保险或取得多份保险单；代位求偿原则也不适用于人寿保险。如果被保险人死亡是由于第三者造成的，受益人既能从保险公司取得保险金，又能同时向加害方提出损害赔偿要求。

4. 投保对象的普遍性。人寿保险的投保对象十分广泛，因为在人的一生中，生老病死变化莫测，每个人都无法逃脱，所以不论男女老幼、贫富贵贱都需要人寿保险。

### （三）人寿保险的分类

1. 生存保险。生存保险是指以被保险人在保险期满时生存为给付保险金条件的一种人寿保险。只有当被保险人一直生存到保险期限界届满时，保险人才按照合同规定支付生存保险金；如果被保险人在保险期限内死亡，保险人不承担保险责任，并且不退还保费。

2. 死亡保险。死亡保险是指以被保险人在保险期限内死亡为给付保险金条件的保险。死亡保险所保障的是被保险人的家属或依赖其生活的人在被保险人死亡后能维持一定的生活水平，避免因被保险人的死亡而陷入困境。死亡保险根据保险期限不同，可分为定期死亡保险和终身死亡保险。

（1）定期死亡保险通常简称为定期寿险，是指保险人和投保人双方在订立保险契约时，确定一个时期作为保险的有效期间，被保险人在保险合同有效期间发生死亡事故，保险人依照合同的规定给付受益人保险金的保险。

（2）终身死亡保险简称为终身寿险，是以被保险人的死亡为保险事故而由保险人给付保险金的保险，是一种不定期的死亡保险。

3. 生死两全保险。生死两全保险，简称两全险，又称为生死合险、混合保险或储蓄保险，即把定期死亡保险和生存保险结合起来的保险形式。是指被保险人在保险合同约定的保险期限内死亡，或在合同规定年限期满时仍生存，保险人按照保险合同的约定均承担给付保险金责任的人寿保险。

## 步骤三 人身意外伤害保险知识

### （一）人身意外伤害保险的概念

在了解意外伤害保险的概念之前，须先明确意外伤害的概念。

意外伤害保险中的“意外伤害”有其特定的含义，是指事先不可预料或不可抗拒或违背被保险人的意愿的事故造成的人身伤害，即不属于本人有意行为所致的伤害以致损害健康或引起的死亡。

人身意外伤害保险简称意外险，是以被保险人在约定的保险有效期内，在被保险人没有预见到或违背其真实意愿的情况下，以遭受外来的、突然发生的、非本意的、非疾病的客观意外伤害事故造成身体受伤害、残疾乃至死亡或支出医疗费、暂时丧失劳动能力为保险事故，保险人于事故发生后按照合同约定向被保险人或受益人给付保险金的人身保险。意外伤害保险的基本责任是意外死亡给付和意外伤残给付，其派生责任包括医疗给付、误工给付、丧葬费给付和遗属生活费给付等。

### （二）人身意外伤害保险的特点

1. 保险事故不同。人寿保险是以人的生死为保险事故，与被保险人的年龄有着密切的关系。人寿保险承保的死亡，一般不问死亡的原因如何（道德危险除外），保险人都应当按约定给付保险金。而意外险则以人的身体遭受意外伤害为保险事故，虽然其中也包括被保险人的死亡，但并不以此为主，且必须是因意外事故所致死亡，而这种危险与年龄没有关系。

2. 保险期限不同。普通人寿保险的保险期限较长，至少 1 年，一般长达十几年、几十年，甚至是终身。意外伤害保险的保险期限较短，一般不超过 1 年，最多 3 年至 5 年，有些极短期意外伤害保险的保险期间往往只有几天、几个小时（如火车、飞机、轮船旅客意外伤害保险等），甚至更短时间（如娱乐项目保险、索道游客意外伤害保险）。

3. 保险金给付不同。人寿保险是典型的定额给付性保险，保险事故发生时，保险人不问被保险人损失金额是多少，只是按照约定的保险金额给付保险金，合同终止。在意外伤害保险中，保险事故发生时，意外伤害保险中的死亡保险金按约定的保险金额给付，不能有所增减；残疾给付是按照残疾保险金额与残疾程度的百分率的乘积支付的，存在比例给付问题。支付保险金后，合同也不一定终止。当发生一次伤害、多处致残或多次伤害时，保险人可同时或连续支付残疾保险金，但累计数额以不超过保险金额为限。意外伤害医疗保险的给付却是按照保险事故造成的医疗费用支出进行的补偿，为不定额给付。因此，此类险种既具有人寿保险的给付性质，又具有财产保险的补偿性质。所以，在寿险公司和财险公司都可以有该类产品销售。

**小贴士**

被保险人因意外伤害事件造成一上肢缺失，一目永久失明，假定其投保金额为10000元，则：

残疾保险金 = 10000元 ×（50% + 30%）= 8000（元）

（由残疾给付比例表可知，一上肢缺失的给付百分比为50%，一目失明为30%，两者累计未超过100%），且合同尚有2000元的保额继续有效。

### （三）人身意外伤害保险的分类

1. 按实施形式的不同分类：可分为自愿性质的意外伤害保险和强制性质的意外伤害保险。如我国办理的旅游保险、学生平安保险属于自愿性质；而铁路、轮船、飞机三种旅客意外伤害保险则属于强制保险。

2. 按保险对象的不同分类：可分为个人意外伤害保险和团体人身意外伤害保险。如我国办理的驾驶人员和住宿旅客意外伤害保险，是以个人为对象的；而团体人身意外伤害保险则是以团体为对象的。

3. 按保险危险程度的不同分类：可分为普通人身意外伤害保险和特定人身意外伤害保险。

4. 按保险责任的不同分类：可分为意外伤害死亡残疾保险、意外伤害医疗保险、综合意外伤害保险和意外伤害收入保障保险。

（1）意外伤害死亡残疾保险通常简称为意外伤害保险。此种保险只保障被保险人的意外伤害所致的死亡和残疾。

（2）意外伤害医疗保险的保险责任中通常规定，被保险人因遭受意外伤害，且在责任期限内，因该意外伤害在医院治疗且由本人支付的治疗费用，保险人按合同规定进行医疗保险金的支付。

（3）综合意外伤害保险是前两种保险的综合。

（4）意外伤害收入保障保险的保险责任中通常规定，对被保险人因遭受意外伤害，且在责任期限内死亡、残疾的，保险人依合同规定给付死亡保险金或残疾保险金；对于被保险人因遭受意外伤害造成身故或残疾达到一定程度时，保险人对被保险人或受益人按合同约定给付收入保障年金。

## 步骤四　健康保险

### （一）健康保险的概念

健康保险是被保险人在保险期限内因疾病、生育、遭受意外事故需要支出医疗费用；或因疾病、生育、遭受意外伤害事故导致工作能力丧失、收入减少；或因疾病、生育而致残或死亡时，由保险人支付医疗费用或给付保险金的保险。因此，有时因其主要针对疾病或医疗费用支出提供保障，健康保险也被叫作“疾病保险”或“医疗保险”。它是人身保险的一种，其保险责任是被保险人的医疗费支出、住院费、护理费支出、收入损失和因疾病、生育造成的事故或残疾等。其内容广而复杂，一般来讲，凡不属于人寿保险和意外伤害保险的人身保险，都可以归为健康保险。健康保险在人身保险中虽起步最晚，但发展迅速，目前已是与人寿保险并驾齐驱的一个重要险种。

### （二）健康保险的特点

1. 保险责任不同。人寿保险是以人的寿命作为保险标的，以被保险人的生、死为保险事故，当被保险人在保险期限内死亡或者生存到保险合同约定的年龄、期限时，由保险人按合同规定给付死亡保险金或满期生存保险金的保险，因此人寿保险合同是定额给付性合同。

健康保险则是以身体的健康作为保险标的，以疾病、生育、意外事故等造成被保险人医疗费用支出和收入损失为保险事故。对被保险人因疾病或意外事故支出的医疗费用和收入损失进行补偿。

2. 健康保险的保险金具有补偿和给付的特殊性。与人寿保险的保险金通常具有的固定给付性质不同，在健康保险中，保险人支付的保险金具有补偿性质。疾病、生育和意外伤害的保险事故的保险金给付，不是对被保险人的生命和身体的伤害进行补偿，而是对被保险人因为疾病、生育或意外伤害在医院医治所发生的医疗费用支出和由此引起的收入损失的补偿。

3. 健康保险具有综合保险的性质。健康保险内容广泛而复杂，凡不属于人寿保险、人身意外伤害保险的人身保险都可归入健康保险。

4. 健康保险合同多为短期合同。人寿保险合同一般为长期的合同，通常都在一年以上，有的长达几十年，甚至直到死亡。而健康保险中除少数承保特定风险的保险业务如重大疾病保险、特种疾病保险、长期护理保险外，大多数的健康保险如医疗保险、残疾保险等都属于短期性险种，保险期限通常为一年，采用短期合同。

5. 承保风险控制条件严格。由于保险责任的不同，使健康保险的承保条件要比人寿保险严格得多。健康保险承保的风险是疾病，所以保险公司要对被保险人的身体健康状况严格审查。保险人在核保时，要根据被保险人的既往病史、所从事的职业、习惯嗜好以及生活居住的地理位置和环境等来决定是否承保和承保条件。

6. 受益人的确定情况不同。大多数的人寿保险合同如定期寿险、终身寿险、两全保险等都属于为第三人利益订立的保险合同。被保险人必须指定受益人，当被保险人死亡后，由受益人领取保险金。而健康保险是为被保险人提供医疗费用和收入损失保障，除了疾病保险中有死亡给付责任，需要指定受益人外，医疗保险、残疾收入保险等都以被保险人的生存为条件，因此无需指定受益人。

### （三）健康保险的种类

按保险责任分类：

1. 医疗保险。医疗保险是医疗费用保险的简称，是健康险中最主要的险种；是提供医疗费用保障的保险；保障的是被保险人因疾病或意外伤害需要治疗时支出的医疗费用的补偿。

（1）普通医疗保险。普通医疗保险为被保险人提供与治疗疾病相关的一般性医疗费用，主要包括门诊费用、医药费、检查费等。普通医疗保险一般采用补偿方式给付医疗保险金。

（2）住院医疗保险。住院医疗保险是保险人对被保险人提供因疾病或意外伤害住院而支出的医疗费用保障的医疗保险。

（3）手术保险。手术保险负担因被保险人在患有保险责任范围内的疾病治疗过程中进行必要的门诊或住院外科手术费用，包括门诊、住院就诊或在急救现场等施行手术时所支出的费用。

（4）综合医疗保险。综合医疗保险是保险人为被保险人提供的一种全面的医疗费用保险，其保障范围包括了普通医疗保险和住院医疗保险的费用范围，即包括医疗、住院、手术、护理等一切费用。

（5）重大疾病保险。重大疾病保险是指被保险人在保险期限内被确诊患有保单规定的重大疾病或因疾病身故时由保险人一次性给付保险金的保险。

2. 疾病保险。疾病保险是指当被保险人罹患合同约定的疾病时，保险人按照保险金额给付保险金而不考虑被保险人实际支出的医疗费用，属于定额给付性的保险业务。

3. 收入补偿保险。收入补偿保险又称为残疾收入补偿保险、收入损失保险、收入保障保险、丧失劳动能力收入补偿保险等。

4. 生育保险。生育保险包括健康婴儿保险和母婴安康保险。母婴安康保险的保险责任是被保险人因妊娠、分娩所需的住院费、医疗费以及分娩过程中发生的流产、死亡、残疾。

## 综合训练

### 一、单选题

1. 按（　　）分类的人身保险分为团体保险和个人保险。

A. 按照保险责任　　B. 按照保险承保方式

C. 按照保险期限　　D. 按照保险实施方式

2. 按（　　）分类的人身保险分为长期、一年期和短期。

A. 按照保险责任　　B. 按照保险承保方式

C. 按照保险期限　　D. 按照保险实施方式

3.（　　）是人身保险中最基本、最主要的种类，是人身保险中发展最早，也最为发达的保险种类。

A. 健康保险　　B. 意外伤害保险

C. 人寿保险　　D. 投资保险

4.（　　）以被保险人在约定的保险有效期内，在被保险人没有预见到或违背其真实意愿的情况下，以遭受外来的、突然发生的、非本意的、非疾病的客观意外伤害事故造成身体受伤害、残疾乃至死亡或支出医疗费、暂时丧失劳动能力为保险事故，保险人于事故发生后按照合同约定向被保险人或受益人给付保险金的人身保险。

A. 健康保险　　B. 意外伤害保险

C. 人寿保险　　D. 投资保险

5. 健康保险合同多为（　　）。

A. 短期保险　　B. 长期保险

C. 几天的保险　　D. 几个小时的保险

## 二、多选题

1. 人寿保险可分为（　　）。

A. 死亡保险　　B. 生存保险

C. 生死两全保险　　D. 疾病保险

2. 人身意外伤害保险按保险责任不同可分为（　　）。

A. 意外伤害死亡残疾保险　　B. 意外伤害医疗保险

C. 综合意外伤害保险　　D. 意外伤害收入保障保险

3. 下列属于健康保险特点的有（　　）。

A. 保险金具有补偿和给付的特殊性

B. 具有综合保险的性质

C. 合同多为短期合同

D. 对被保险人因疾病或意外事故支出的医疗费用和收入损失进行补偿

4. 健康保险按保险责任可分为（　　）。

A. 医疗保险　　B. 疾病保险

C. 收入补偿保险　　D. 生育保险

5. 医疗保险包括有（　　）。

A. 普通医疗保险　　B. 住院医疗保险

C. 手术保险　　D. 重大疾病保险

## 项目小结

- 项目一 保险从业准备
  - 岗前培训
    - 步骤一 认识保险要素与特征
    - 步骤二 认识保险的分类
    - 步骤三 认识保险的职能和作用
    - 步骤四 认识保险的基本原则
  - 岗位训练
    - 步骤一 人身保险知识
    - 步骤二 人寿保险知识
    - 步骤三 人身意外伤害保险知识
    - 步骤四 健康保险

# 项目二
# 2 人身保险销售业务

## 学习目标

- ☐ 熟悉销售流程、准客户的条件、客户开拓的基本途径、设计保险方案的要点
- ☐ 掌握保险销售员的展业礼仪、准客户开拓的技巧、初次面谈的技巧、促成签单的方法
- ☐ 会操作：说明方案、面谈的话术、异议处理话术、促成话术、投保单的内容和填写方法、保费的计算方法

### 导入案例

A（男）与B（女）为大学同学，在读书期间两人确立了恋爱关系。毕业之后两人分配工作到了不同的地方，但仍然书信往来，不改初衷。A的生日快要到了，为了给他一个惊喜，B悄悄为A投保了一份人寿保单，准备作为生日礼物送给他。谁知天有不测风云，当A从外地匆匆赶往B所在的城市时，却遭遇了翻车事故，A当场死亡。B在悲痛之余想到了自己为A投保的保单，于是向保险公司请求支付死亡保险金2万元。保险公司在核保时，得知A这份人寿保单是在本人不知情的情况下，由B擅自购买的。于是，保险公司便以B没有保险利益为由，拒绝给付保险金。你认为保险公司拒赔的理由合理吗？

# 任务一
# 个人人身保险销售业务

## 任务描述

个人保险代理人通过陌生开拓的方法，向准客户销售保险公司的人寿保险产品。

## 工作情景

1. 活动地点：保险模拟教室的咨询台或职场内。
2. 角色分配：业务员。
3. 有关业务：
（1）通过咨询服务等方式开拓客户。
（2）做好上门拜访客户的各种准备工作。
（3）面谈并介绍保险产品、异议处理。
（4）填写投保单。
（5）递送保单。

## 业务分析

1. 在咨询台服务时，主动询问来往客户有何需要，这样可以搜集大量准客户信息，一定要留下联系方式，以便以后为客户提供服务。

2. 充分准备后进行面谈，首先与客户电话约访准备上门拜访，经过面谈了解他的保险需求后，为客户设计保险计划书。

3. 再次面谈讲解保险计划书，解决异议问题，并当场签发投保单。

4. 公司通过核保后，及时为他送去正式保单，提醒客户接受回访电话，并向客户索取“转介绍”。

5. 定期和不定期地为客户提供售后服务。

## 业务流程

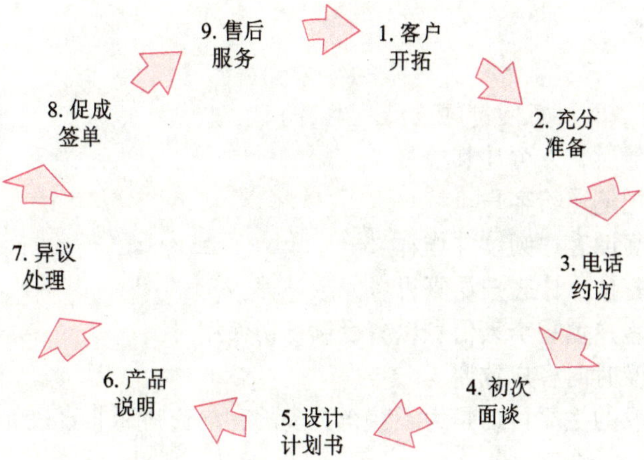


图 2－1－1

## 业务实施

### 步骤一　开拓准客户

#### （一）通过让访民填写调查问卷开发潜在客户流程图

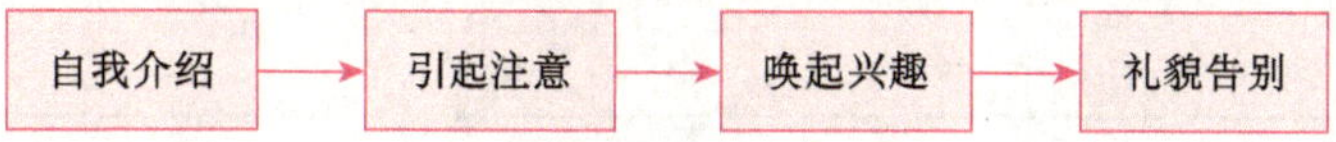


图 2－1－2

**知识链接**

准客户就是潜在客户的进一步发掘，已经有成交意向，甚至已经签了相关合同或付了预付款的客户。

准客户的开拓方法有：陌生开拓、缘故开拓（利用自己的亲戚朋友展开销售、转介绍（即利用缘故关系以及原有客户的介绍展开销售工作）等。

#### （二）让客户填写调查问卷的攀谈话术举例

1. “女士，您好！我是×××保险公司的员工。”（介绍自己）

2. “现在公司为了更多地了解市民的保险需求，以便更好地为客户服务，正在开展一项‘填问卷’的市场调研工作。”（引起注意）

3. “很简单，全部都是选择题，只需要耽误您 10 分钟时间，就有机会获赠精美礼品，

麻烦您帮忙完成一份，谢谢!”（唤起其兴趣填表）

4. “谢谢您的参与，这是给您的纪念品，以后有保险需要，我可以为您提供服务，再见!”（礼貌告别）

### （三）指导客户填写调查问卷的技巧

1. 获得客户同意后，方可让其填写。
2. 填写时顺手把笔递给客户。
3. 填写时及时帮助客户阅读并作释义。
4. 填写时不要打岔，让客户认真思考完成填写。
5. 不要忘记让客户填写个人信息以备后续拜访使用。
6. 填写结束后及时向客户致谢。
7. 填写调查问卷的主要目的是为了获得更多的客户资料而非直接促成保单。

### （四）准客户的条件

1. 有保险需求的人，家里最应该上保险的是家庭的经济支柱。
2. 能支付保费的人。
3. 身体健康的人。
4. 易于接近的人。

**练一练**

请依据表2-1-1“准客户的条件”说一说张女士需要保险的理由。

**表2-1-1**

| | | | | | |
|---|---|---|---|---|---|
| 姓名 | 张女士 | 性别 | 女 | 住址 | 略 |
| 学历 | 大本 | 年龄 | 35 | 职业 | 公司职员 |
| 婚否 | 已婚 | | 电话 | 13999999999 | |
| 对保险了解程度 | 不感兴趣<br>感兴趣√ | | 平均年收入 | | 5万 |
| 是否投保 | 没有<br>投了<br>打算投保√ | | 投过哪些公司保险 | | 投过××××公司保险 |
| 您比较关心哪些方面的问题 | 健康和意外 | | 您现在投资哪些方面 | | 股市√ |
| 医疗费自负的部分 | 5万√ | | 备注 | | 担心保险公司不赔、不知道哪家保险公司更便宜 |

## 步骤二 充分准备

做好拜访时的心理准备和物质资料准备，最好事先拟定一份访问计划，以便提高工作效率。

### （一）访问计划内容

访问计划内容主要包括：访问对象、访问目的、访问时间、访问地点、访问资料。

### （二）访问计划举例

1. 确定访问对象：张女士。
2. 确定访问目的：礼貌性拜访准客户。
3. 确定访问时间：上午10点—11点半或下午2点—5点。
4. 选择访问地点：办公室或者咖啡厅。
5. 访问资料包括：名片、身份证、引荐信、所要销售的产品样品以及与之相关的宣传资料，包括：（1）公司简介；（2）示范保单；（3）建议书；（4）费率表；（5）保险案例；（6）代理人资格证以及进行产品演示的辅助用具，用于记事用的本子和笔等等。
6. 形象上的准备：职业装。
7. 心理上的准备：有可能一次不能成功，只要客户认可并信任我这个人。

**知识链接**

保险代理从业人员资格证书的颁发和变更、继续教育等管理，都由中国保监会负责。

**练一练**

请制订一份向你的亲戚朋友推销保险的访问计划。

## 步骤三 电话约访

### （一）电话约访程序

自我介绍 → 引起兴趣 → 约定见面 → 礼貌告别

图 2-1-3

### （二）电话约访话术举例

销售人员："您好，麻烦您，能请张女士亲自接电话吗？"

张女士："我就是！您有什么事吗？"

销售人员："您好，张女士！我叫×××是×××保险公司的销售员，您几天前在我们公司填写了一份关于保险市场的调查问卷，您还记得吗？"

张女士："记得，有什么事吗？"

销售人员："我们公司正好推出了一些您想了解的保险产品，我想当面给您看一些东西，这也许能够帮助您更好地投资！您觉得咱们的这次见面安排在什么时候最合适？是下周二上午10:20好，还是周三下午好？"

张女士："哦，我最近较忙，过一段时间吧！"

销售人员："我知道您很忙，这说明您事业有成，不过有些事情不可以等的，上保险是越早越好，您看中午时间行吗？反正您也要吃饭休息，我们一起吃个饭，还可以谈谈保险的事！"

张女士："那好吧，你星期二中午来我的办公室吧！"

销售人员："我记一下时间，张女士。您记住我的名字了吗？我叫×××。那咱们下星期二中午11:20在您的办公室见了。张女士！真高兴能有机会和您见面！再见！"

**练一练**

请演练上述电话约访话术。

## 步骤四　初次面谈

### （一）面谈前要充分准备

1. 出发前：最好与客户通电话确认一下，以防临时发生变化；选好交通路线，算好时间出发；确保提前5~10分钟到。

2. 到了客户办公大楼门前：再整装一次。如提前到达，不要在被访公司遛达。

3. 进入室内：面带微笑，向接待员说明身份、拜访对象和目的，从容地等待接待员将自己引到会客室或者受访者的办公室。向准客户问候、握手、交换名片。客户请人奉上茶水或咖啡时，应表示谢意。

### （二）引导准客户需求的话题

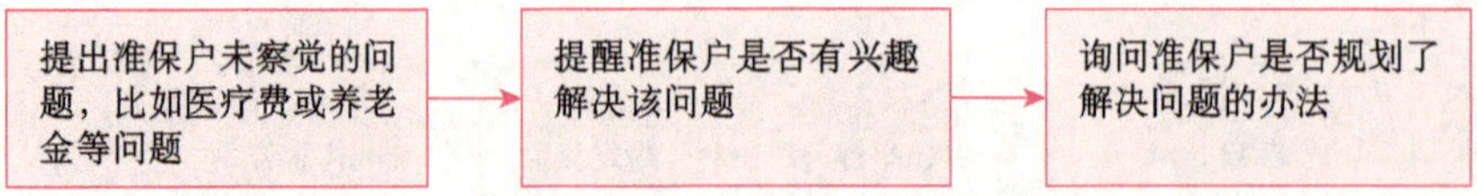


图2-1-4

### （三）初次面谈话术举例

销售人员："您好，张女士！我就是和您约好的×××保险公司的销售×××，这是我的名片，当我看到您填写的调查表时，认定您是一位非常有责任感的妻子和母亲，您也是一位会打理财富的人。"

张女士："谢谢你！"

销售人员："您一定听说过有句俗话'吃不穷，穿不穷，没有计划就会穷'，这反映了一些现实问题。也就是说，年轻的时候不做好年老时的打算，老了以后的生活就一定会很苦，我想您一定想做好以后的打算，今天我可以提供一份低保费高保障的保险计划，让您全家幸福到老，您有没有兴趣？"

张女士："好吧！你说给我听听。"

销售人员："通过您的调查问卷可以知道：你们夫妻都是职业人士，收入处于中等水平。上有老、下有小，使你们进入了责任感最强的时期。因此，对于提高家庭保障水平的要求非常迫切。"

销售人员："所以对于你们夫妇来说，首先考虑的是寿险，再考虑家庭储蓄状况，您先生的寿险保额应该高于您的寿险保额，因为他是家庭的经济支柱。"

销售人员："寿险里重点在重疾险。对于您的家庭来说，健康险应考虑重大疾病险。子女保险则意外险和教育金保险非常重要，因为小孩子活泼好动，磕磕碰碰在所难免，所以要选择有意外医疗责任的意外险。对于养老险：可选万能型，因为养老是一项长期理财规划，安全性和收益性是重点。"

张女士："那好吧，你就帮我做一份重大疾病的保险吧，我看看费用如何？"

**练一练**

请演练上述初次面谈话术。

## 步骤五　设计保险计划书

### （一）保险计划书的内容

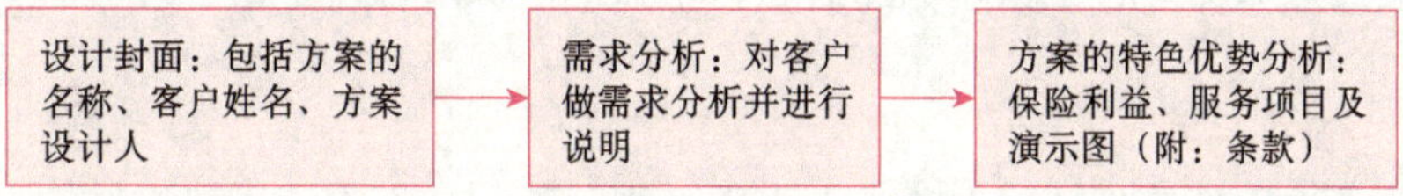


图2-1-5

知识链接

保险计划书是指你未买保险之前销售人员帮你拟定的一份保险购买计划。

### （二）保险产品组合方案

为使客户以最合理的成本获得最全面的保障以便促进销售，保险产品组合思路主要有以下几种：

1. 主附搭配：即主险和附加险之间的合理搭配，如主险和主险、主险和附加险。

（1）主险包括：终身险、定期险、生死两全险、年金险等。

（2）附加险包括：意外伤害、意外医疗、住院、住院津贴、附加定期险等。

2. 功能搭配：即不同功能的险种搭配。如保障型（包括人寿保险、健康医疗保险、养老保险）、储蓄返还型、投资型产品之间的搭配。

3. 不同期限或交费期限产品的搭配。如长期险和短期险搭配。财产险、意外险、医疗险大多属于短期险；终身险、养老险、健康险都属于长期险。

### （三）设计保险方案的原则

1. 一般以个人或家庭年收入的15%~20%为合理的保费支出。

2. 确定缴费方式：一般可设计为年缴，收入不稳定的私营业主可以建议趸缴。

3. 保障型的险种以收入5%~10%为保费就足够了。

4. 先保障后储蓄盈利。保障型险种年轻时购买费率较低，随着年龄的增大保费也会提高。所以应讲明利害关系，建议准保户选择先保障后储蓄。

5. 夫妻互保。销售人员在了解准保户的家庭情况后，以家庭为单位设计保险方案，让夫妻双方互相投保，互为受益人，做一个完整的家庭保障。

6. 突出重点。好的保险方案不是面面俱到，面面俱到往往保费较高，应该以准保户需求为主。比如，经过分析发现在准保户需要的健康、养老、意外险排序中，健康保险最重要，其次是意外，最后才是养老。为避免保费过高吓退准保户，应在分清主次的基础上，先满足最突出的需求，然后再提出长远规划，这样易于签单。

7. 先大人后小孩的原则。许多家庭以孩子为中心，认为孩子应该得到保障，就给孩子先上了保险。实际上其父母一旦发生任何意外，孩子却得不到赔付，而且孩子没有经济来源。因此，应当遵循父母有了保险保障后，再给孩子上保险，才是最合理的。

### （四）保险计划书举例

图2-1-6为一份保险计划书的基本内容。

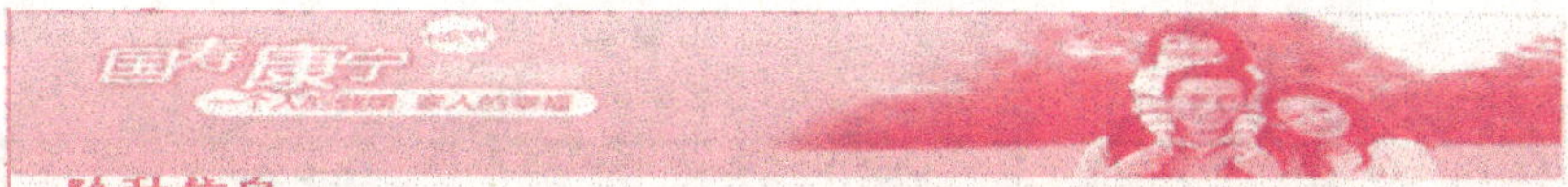


**险种信息**

范围扩大到40种重疾10种轻症　缴费低廉更划算　10类轻症，提前给付

**基本信息**

投保年龄：30 岁　性别：女

| 保险名称 | 基本保额 | 年存保费 | 存费期限 | 保险期间 |
|---|---|---|---|---|
| 康宁终身 | 10 万 | 2850 元 | 20 年 | 至终身 |

**保障利益**

重疾金

被保人初次因40种大病中的一种或多种时（生效180天后），给付重大疾病保险金 10 万元（基本保额），合同终止。

生命金

18周岁后被保人因疾病（生效180天后）或意外伤害造成身故，给付保险金 10 万元（基本保额），合同终止。18周岁前或180天内因疾病身故退还所交保费，合同终止

高残金

被保人因疾病（生效180天后）或意外伤害造成高残，给付保险金 10 万元（基本保额），合同终止。

轻疾金

被保人初次罹患10种轻疾时（生效180天后），给付轻疾保险金 2 万元（基本保额的20%），合同继续有效，同时仍有 8.0 万元重疾和 10 万元的身故和高残保障

**40种重疾**

1、恶性肿瘤；2、急性心肌梗塞；3、脑中风后遗症；4、重大器官移植术或造血干细胞移植术；、5、冠状动脉搭桥术；6、终末期肾病；7、多个肢体缺失；8、急性或亚急性重症肝炎；9、良性脑肿瘤；10、慢性肝功能衰竭失代偿期；11、脑炎后遗症或脑膜炎后遗症；12、深度昏迷；13、特定年龄双耳失聪；14、特定年龄双目失明；15、瘫痪；16、心脏瓣膜手术；17、严重阿尔茨海默病；18、严重脑损伤；19、严重帕金森病；20、严重III度烧伤；21、严重原发性肺动脉高压；22、严重运动神经元病；23、语言能力丧失；24、重型再生障碍性贫血；25、主动脉手术；26、严重心肌病；27、严重重症肌无力；28、严重多发性硬化症；29、严重脊髓灰质炎；30、严重类风湿性关节炎；31、严重系统性红斑狼疮性肾病；32、终末期肺病；33、严重克隆病；34、严重溃疡性结肠炎；35、持续植物人状态；36、严重胰岛素依赖型糖尿病；37、严重冠心病；38、急性坏死性胰腺炎开腹手术；39、经输血导致的人类免疫缺陷病毒感染；40、非阿尔茨海默病所致严重痴呆；

**10种轻疾**　**国内首创“原位癌”在责任范围内**

1、特定恶性病变或恶性肿瘤；2、不典型的急性心肌梗塞；3、冠状动脉介入手术；4、特定脑中风后遗症5、心脏瓣膜介入手术；6、特定面积III度烧伤；7、主动脉介入手术；8、严重脑垂体瘤、脑囊肿、脑动脉瘤及脑血管瘤；9、特定年龄视力受损；10、严重头部外伤

本计划书仅供参考，详细内容及说明以保险合同条款为准

理财顾问：　　服务电话：　#N/A

图 2-1-6

**小贴士**

表 2-1-2 为生命周期表及相应应投保的险种

表 2-1-2　　生命周期与保险建议

| 生命周期 | 年龄 | 收入 | 开支 | 保险需求点 | 保险建议 | | |
|---|---|---|---|---|---|---|---|
| | | | | | 特色 | 险种组合 | 需求分析 |
| 单身期 | 18～23 岁 | 较少 | 较多 | 医疗费、教育年金 | 保障储蓄 | 人寿保险 + 健康保险 | 万一出险，医疗和意外伤害保险的保额可以给父母养老 |
| 新婚期 | 23～30 岁 | 一般 | 增大 | 医疗费、家庭生活费 | 保障型 | 定期寿险、终身寿险 + 医疗健康保险 | 低保费，高保障；体现经济支柱责任人的重要性 |

续表

| 生命周期 | 年龄 | 收入 | 开支 | 保险需求点 | 保险建议 | | |
|---|---|---|---|---|---|---|---|
| | | | | | 特色 | 险种组合 | 需求分析 |
| 家庭成长期 | 30～45岁 | 上升 | 培养孩子 | 医疗费、家庭生活费、养老、投资理财 | 综合型 | 定期寿险、终身寿险＋医疗健康保险＋养老年金＋投资分红 | 保障全面，提高生活品质，获利高且可靠，合理避税 |
| 家庭成熟期 | 45～60岁 | 高 | 高档消费 | 医疗健康、投资理财 | 保障理财型 | 定寿、终寿＋医疗健康＋投资分红 | 合理避税，经济保障，获利高且可靠 |
| 养老期 | 60岁以上 | 低 | 疾病、伤残 | 医疗费 | 保障型 | 医疗＋健康 | 低保费、高保障、经济保障 |

**练一练**

请搜集各家保险公司保险计划书格式，给张女士设计一份保险计划书。

## 步骤六　产品说明

### （一）三分钟说明保险产品计划书

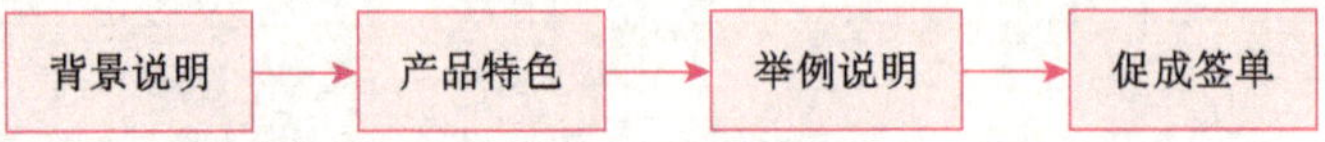


图2－1－7

**知识链接**

产品说明就是给客户讲解清楚保险产品的特色、主要的保险责任，或者是保险给客户带来的利益等内容，主要依据是保险条款。

【温馨提示】销售人员一般不要占用客户太多时间，要言简意赅地介绍清楚产品的特点，特别是对客户的利益尤为重要。

所以建议从以下四个方面介绍产品计划书的要点，效果会较好。另外，请你读懂相关保险条款的保险责任，才能讲清楚保险计划书。下面教你读懂国寿康宁的终身保险条款。

## 国寿康宁终身重大疾病保险利益条款（节选重要条款）

第一条　保险合同构成

国寿康宁终身重大疾病保险合同（以下简称“本合同”）由保险单及所附国寿条款（以下简称“本合同利益条款”）、个人保险基本条款（以下简称“本合同基本条款”）、现金价值表、声明、批注、批单以及与本合同有关的投保单、复效申请书、健康声明书和其他书面协议共同构成。

第二条　投保范围

凡出生三十日以上、七十周岁以下、身体健康者均可作为被保险人，由本人或对其具有保险利益的人作为投保人向本公司投保本保险。

第三条　保险期间

本合同的保险期间为本合同生效之日起至本合同终止日止。

第四条　重大疾病

本合同所指重大疾病，是被保险人发生符合以下定义所述条件的疾病、疾病状态或手术，共计二十种。

第五条　保险责任

在本合同保险期间内，本公司承担以下保险责任：

一、重大疾病保险金

被保险人于本合同生效（或最后复效）之日起一百八十日后，初次发生并经专科医生明确诊断患本合同所指的重大疾病（无论一种或多种），本公司按基本保险金额的300%给付重大疾病保险金，本合同终止。

二、身故保险金

被保险人身故，本公司按基本保险金额的300%给付身故保险金，本合同终止。

**练一练**

王山（男）购买了一份基本保险金额为10万元的国寿康宁终身保险，若王山在合同生效3个月后，经专科医生初次诊断患急性心肌梗塞，请问：王山的该份保险合同是否得到赔付？（A 赔偿、B 不赔偿）

王山（男）购买了一份保额为10万元的国寿康宁终身保险，请问：该保险的基本保险金额为________万元。若王山在合同生效1年后，经专科医生初次诊断患急性心肌梗塞，请问：王山可从保险公司获得________万元的保险金，获得该保险金后，该合同是否终止？

第六条　责任免除

因下列情形之一导致被保险人身故或患本合同所指重大疾病，本公司不承担给付保险金的责任：

一、投保人对被保险人的故意杀害、故意伤害。

二、被保险人故意犯罪、拒捕、自伤身体。

三、被保险人服用、吸食或注射毒品。

四、被保险人在本合同生效（或复效）之日起两年后自杀等。

**练一练**

2009年5月10日，王山（男）购买的国寿康宁终身保险开始生效，因投资失败，王山损失惨重，于2010年12月19日跳楼自杀。请问：保险公司是否赔偿？（A赔偿、B不赔偿）

第七条　保险费

保险费交付方式分为一次性交付和分期交付两种。交付方式为分期交付的，交费期间分为十年和二十年两种，交付方式分为年缴和半年缴两种，由投保人在投保时选择。

### （二）产品说明话术举例

表2-1-3为销售人员应按下列内容说明保险计划书。

**表2-1-3**

| | |
|---|---|
| 1. 背景说明：<br>重申保险意义和客户的需求 | 您看对于您的家庭来说，健康险应考虑重大疾病险。所以我为您设计的是一份我们公司的经典产品康宁终身保险，集重疾、高残、身故保障于一体的保险 |
| 2. 产品特色：<br>保险条款中的责任和投保范围等要求要讲清楚，可以配以图式说明 | 您请看：此保障还附有以下附加功能：一份保费、多份保障；权益转换、自动垫缴；减额缴清、保单贷款<br>承保年龄：6个月~70周岁您符合投保范围<br>您的保险利益：<br>1. 重大疾病保险金——本公司按基本保额的三倍给付重大疾病保险金，合同终止。多种重大疾病包括：心脏病（心肌梗塞）、脑中风、癌症等十种常见重大疾病<br>2. 豁免保费——被保险人重大疾病如发生在缴费期内，则豁免以后保费，本合同继续有效<br>3. 身故保险金——被保险人身故，按基本保额的三倍给付，但应扣除已给付的疾病保险金，本合同终止<br>缴费方式：设计为20年<br>责任免除：比如投保人对被保险人故意杀害、被保险人吸毒、酒后驾车造成死亡等情况公司不予赔偿，只是向投保人退回本合同的现金价值。当然我们一般人是不会发生这类事情的 |
| 3. 举例说明：<br>虽然是按客户年龄设计的保费，但不要向客户说“如果您得了重疾或死亡如何赔”，免得客户心里不悦 | 比如：某女士35岁，购买本保险，月存保费650元，合计每年存7800元，本公司就为其建立一个300000元的保险账户<br>1. 发生大病，一旦确诊，立即赔付20万元大病保险金，以解燃眉之急；且免缴以后应缴保险费，至身故，受益人还可领10万元免税关爱金<br>2. 因意外或疾病引起的高残，即可赔付30万元生活补助金，维护生命的尊严 |
| 4. 促成 | “您看这个计划保额是少了还是多了？” |

**练一练**

请按照上述话术演练产品说明。

## 步骤七　异议处理

### （一）客户异议的类型

**知识链接**

客户异议是指在销售过程中，客户对销售人员的不赞同、提出质疑或拒绝。

1. 价格异议。在销售过程中，最常见的类型是客户最关心自己的切身利益，如“价格太贵了”。

2. 需求异议。客户在需要方面产生异议，根源有两个：一方面真的不需要保险；另一方面是对保险有成见和偏见，如“我不需要这东西”、“我早就有了”。

3. 购买时间异议。客户有意拖延购买时间而提出反对意见，如“我不能马上决定，考虑一下再说吧”。

4. 支付能力异议。客户以无钱购买为理由提出异议，如“我的钱都还贷款了，没钱买保险”。

### （二）把握客户异议处理程序

仔细聆听 → 辨别真伪 → 给予认同 → 解释处理

**图 2－1－8**

### （三）异议处理话术举例

张女士：“可以，把建议书留下，我研究一下吧！”

销售人员：“张女士，坦白地说，一般人把计划收留下来之后，大概再也不会去研究它了，因为现代人都很忙碌，可能一忙，就把这事给耽搁下来了，然后有一天在收拾抽屉时，才会发现有这么一份建议书，而且还没有看过呢！您可能因此错过许多可以保护自己利益的机会。您还有什么问题，可以当面问我。”

【温馨提示】

1. 异议处理时，不要马上反驳客户，要站在客户的立场替他考虑问题，表示理解，但对于客户的错误观点，要依据法律条文来解答，增加可信度，如依据保险法、保监会等规定。

2. 避免和客户发生争执。

**练一练**

请按照上述话术演练异议处理，也可以自编问题，然后回答，如“我认为保险都是骗人的”、“我没钱买保险”、“保费能否便宜些”等等。

## 步骤八　促成签单

### （一）有效促成的方法

1. 假象成交法：在假定准客户准备投保的基础上，直接向客户发问“您是年缴还是月缴”，但要平稳过渡。

2. 二择一法：保险销售员避免和客户讨论是否投保的事，直接向客户发问“是保一份还是两份”。

3. 诱导客户主动成交。

### （二）促成签单话术举例

销售人员：“如果您没有问题了，那我们就先来填写一下投保单吧。”

张女士：“那好吧！”

销售人员：“请您在这里签字，这两天您把保费存入该银行账户中，我把投保单带回公司去核保，有消息我会联系您的。我还有一位客户在等我，再见！”

### （三）填写投保单的技巧

1. 周岁的计算：

（投保时已过生日）周岁 = 投保年份 - 出生年份

（投保时未过生日）周岁 = 投保年份 - 出生年份 - 1

例 1：被保险人 1977 年 1 月 5 日出生，2009 年 10 月 10 日投保。

被保险人周岁 = 2009 - 1977 = 32 岁

例 2：被保险人 1977 年 11 月 20 日出生，2009 年 10 月 10 日投保。

被保险人周岁 = 2009 - 1977 - 1 = 31 岁

2. 按费率表计算保费。

（1）计算年龄。

（2）按年龄和缴费期限找到费率。

（3）按保险金额相应计算保费。

**练一练**

请查阅费率表，然后计算2012年12月1日投保、1978年11月20日出生的男性，年缴保费为10年期，他的保费是多少？

保额10000元，费率表如表2-1-4。

**表2-1-4**

金额单位：元

| 投保年龄 | 10年年缴 | | 20年年缴 | |
|---|---|---|---|---|
| | 男性 | 女性 | 男性 | 女性 |
| 33岁 | 153 | 138 | 87 | 78 |
| 34岁 | 157 | 141 | 89 | 80 |

3. 数位大写的书写。

壹、贰、叁、肆、伍、陆、柒、捌、玖、拾、佰、仟、万。

4. 注意事项。

(1) 指导客户认真填写投保单，不得涂改，不要代替客户填写投保单。

(2) 对于人身保险特别要注意对被保险人的风险控制，提醒客户如实告知，免得影响理赔。

(3) 指导客户对受益人的填写必须具有保险利益关系。

(4) 对于金额书写不得涂改。

**练一练**

表2-1-5为张先生的基本资料，请根据客户资料试着填写投保单，以便以后可以指导客户填写。

**表2-1-5**

| | |
|---|---|
| 投保人 | 张×× |
| 被保险人 | 张×× |
| 出生年月 | 1978年11月20日 |
| 投保日期 | 2012年10月10日 |
| 受益人 | 李××（张女士的丈夫） |
| 投保险种 | 终身保险 |
| 投保金额 | 10万元（20年年缴） |

续表

<table>
<tr><td rowspan="5">假设终身保险费率（节选）</td><td colspan="5">保险金额：1000 元　　　货币单位：人民币（元）</td></tr>
<tr><td rowspan="2">投保年龄</td><td colspan="2">10 年年缴</td><td colspan="2">20 年年缴</td></tr>
<tr><td>男性</td><td>女性</td><td>男性</td><td>女性</td></tr>
<tr><td>33 岁</td><td>153</td><td>138</td><td>87</td><td>78</td></tr>
<tr><td>34 岁</td><td>157</td><td>141</td><td>89</td><td>80</td></tr>
<tr><td>保费计算</td><td colspan="5">张××投保时的周岁年龄为：2012 - 1978 - 1 = 33<br>20 年年缴的费率：1000 元保额的费率为 78 元，100000 元保额的费率为 7800 元，可以 3 倍赔付，最后就是 300000 元的保额。</td></tr>
</table>

## 知识链接

1. 填写投保单时我国保险立法要求投保方履行其告知义务的形式是询问问答。

2. 填写投保单争议处理方式一般建议采用法院诉讼方式处理，可以保护被保险利益。

3. 诚实信用作为保险代理从业人员的职业道德原则应贯穿于职业活动的各个方面和各个环节。

4. 根据《保险营销员管理规定》，保险营销员取得的主要报酬是手续费或是佣金。

5. 根据《保险营销员管理规定》，保险营销员从事保险营销活动时，不得泄露投保人、被保险人、受益人、保险公司的商业秘密或者个人隐私。

6. 在我国，保险代理机构的种类包括专业保险代理机构和保险兼业代理机构。

7. 根据《保险营销员管理规定》，保险营销员代为办理保险业务，与保险公司签订委托协议时，不得同时与两家或者两家以上保险公司签订委托协议。

8. 根据《保险营销员管理规定》，保险营销员销售分红保险、投资连接保险、万能保险等保险新型产品的，应当明确告知客户此类产品的费用扣除情况，并提示购买此类产品的投资风险。

9. 保险代理人与经纪人的区别之一是代理权限不同。其中，保险代理人的权限是代理销售保险人授权的保险产品。

表 2-1-6

销售机构代码：

销售渠道：

销售人员姓名：

销售人员代码：

*1110114000154171*

中国人寿保险股份有限公司
China Life Insurance Company Limited

国寿1+N 一位客户 多种服务

# 个人保险投保单

| | |
|---|---|
| 投保须知 | 1. 请您在仔细阅读保险条款、充分理解保险责任、责任免除、解除合同等规定，权衡保险需求和交费能力后，再作出投保决定。<br>2. 投保单为保险合同的重要组成部分，请准确、真实填写，并由投保人、被保险人亲笔签名。不明事项请向销售人员或我公司咨询。如无特别声明，我公司将以您本次填写的地址为您的最新地址。如有地址变更，请及时通知我公司，以便为您提供服务。<br>3. 根据《中华人民共和国保险法》规定，我公司有权对投保人、被保险人的有关情况进行询问，您应如实告知；如您未如实告知，我公司有权在法定期限内解除合同，并依法决定是否对合同解除前发生的保险事故承担保险责任。<br>4. 本合同自投保人提出申请、我公司同意承保后成立；自本合同成立、我公司收取首期保险费并签发保险单的次日零时起本合同生效，除另有约定外，本合同生效日期为我公司开始承担保险责任的日期。<br>5. 一切与本投保单各项内容及保险条款相违背或增减的销售人员说明及解释均属无效，一切告知均以书面为准。<br>6. 投保人通过销售人员递交投保单、交付保险费的，请检查销售人员证件并及时索取盖有我公司收费专用章的收款收据。 |

**客户资料**

| | | | | | | |
|---|---|---|---|---|---|---|
| 投保人 | 姓名 | | 性别 | □男 □女 | 出生日期 | 年 月 日 |
| | 国籍 | □中国 □其他____ | 证件类型 | □身份证 □护照 □军人证 □在华居住证 □其他____ | | |
| | 证件号码 | | 证件有效期限 | 至 年 月 日/□长期 | | |
| | 婚姻状况 | □未婚 □已婚 □其他____ | 工作单位 | | | |
| | 职业 | | 兼职 | | 职业代码 | 职业类别 级 |
| | （本合同所有往来文件送达，均以通讯地址为准，为确保您的权益，请准确填写本栏。） | | | | | |
| | 通讯地址 | | | | 邮政编码 | |
| | 家庭电话 | - 分机 | 办公电话 | - 分机 | | |
| | 移动电话 | | 电子邮件 | | | |
| | 公司信息通知方式 □电子邮件 □手机短信 □电话 □信函（四选一填写） | | | | | |
| | 如果您没有特殊需求，我公司将以本次联系方式更新以前投保联系方式，并据此为您提供合同相关信息服务。□同意 □不同意 | | | | | |
| | 客户号 | | | | | |
| 被保险人 | 是投保人的 □本人 □配偶 □父母 □子女 □其他____（若为投保人本人时，可免填以下资料） | | | | | |
| | 姓名 | | 性别 | □男 □女 | 出生日期 | 年 月 日 |
| | 国籍 | □中国 □其他____ | 证件类型 | □身份证 □护照 □军人证 □在华居住证 □其他____ | | |
| | 证件号码 | | 证件有效期限 | 至 年 月 日/□长期 | | |
| | 婚姻状况 | □未婚 □已婚 □其他____ | 工作单位 | | | |
| | 职业 | | 兼职 | | 职业代码 | 职业类别 级 |
| | （本合同所有往来文件送达，均以通讯地址为准，为确保您的权益，请准确填写本栏。） | | | | | |
| | 通讯地址 | | | | 邮政编码 | |
| | 家庭电话 | - 分机 | 办公电话 | - 分机 | | |
| | 移动电话 | | 电子邮件 | | | |
| | 如果您没有特殊需求，我公司将以本次联系方式更新以前投保联系方式，并据此为您提供合同相关信息服务。□同意 □不同意 | | | | | |
| | 客户号 | | | | | |

**身故保险金受益人** ①同一顺序受益人受益份额合计为100%。②同一顺序受益人超过2人的，应填写受益份额；超过3人的，请在备注栏中按相同要素填写。③除身故保险金以外的其他保险金受益人以条款约定为准，如需另外指定的，请在备注栏中按相同要素填写。④未填写身故保险金受益人信息的，我公司将依据《中华人民共和国保险法》第42条规定履行给付保险金的义务。

| 受益顺序 | 姓名 | 性别 | 出生日期（年/月/日） | 是被保险人的 | 受益份额 | 证件名称 | 证件号码 |
|---|---|---|---|---|---|---|---|
| | | | | | % | | |
| | | | | | % | | |
| | | | | | % | | |

*11101140000154172*

续表

| 要约内容 | | | | | | |
|---|---|---|---|---|---|---|
| （一） | 险种名称 | | | | | |
| | 保险金额 | | 标准保险费 | | 额外/追加保险费 | |
| | 交费期间 | 年/至　岁 | 保险期间 | □终身□定期（ | 年/　月 | 日/至　岁） |
| （二） | 险种名称 | | | | | |
| | 保险金额 | | 标准保险费 | | 额外/追加保险费 | |
| | 交费期间 | 年/至　岁 | 保险期间 | □终身□定期（ | 年/　月 | 日/至　岁） |
| （三） | 险种名称 | | | | | |
| | 保险金额 | | 标准保险费 | | 额外/追加保险费 | |
| | 交费期间 | 年/至　岁 | 保险期间 | □终身□定期（ | 年/　月 | 日/至　岁） |
| （四） | 险种名称 | | | | | |
| | 保险金额 | | 标准保险费 | | 额外/追加保险费 | |
| | 交费期间 | 年/至　岁 | 保险期间 | □终身□定期（ | 年/　月 | 日/至　岁） |
| （五） | 险种名称 | | | | | |
| | 保险金额 | | 标准保险费 | | 额外/追加保险费 | |
| | 交费期间 | 年/至　岁 | 保险期间 | □终身□定期（ | 年/　月 | 日/至　岁） |
| （六） | 险种名称 | | | | | |
| | 保险金额 | | 标准保险费 | | 额外/追加保险费 | |
| | 交费期间 | 年/至　岁 | 保险期间 | □终身□定期（ | 年/　月 | 日/至　岁） |

保险费合计（大写）　　　　（小写）________

币种：□人民币 □其他________　交费方式：□一次交清/趸交　□年交　□半年交　□季交　□月交　□不定期　□其他________

为保障您的权益，建议您通过银行转账等非现金形式交纳保费，确需现金交费的请前往我公司营业网点办理，具体事宜可咨询销售人员或致电我公司客户服务专线95519。

首期交费形式：□银行转账 □银行代收 □支（汇）票 □POS机 □现金 □其他________

续期交费形式：□银行转账 □银行代收 □支（汇）票 □POS机 □现金 □其他________

年金领取年龄：________周岁　首期领取金额：________元（若投保险种无年金给付利益的，免填本栏，误填者不享有相关利益。）

领取方式：□趸领 □年领 □月领 □平准领取 □递增领取 □递增率为____% □其他________

目前被保险人是否享有社会医疗保险或公费医疗保障　□是　□否

合同争议处理方式　□诉讼 □仲裁（若选择仲裁，请在此处明确填写全称：________________仲裁委员会）

（若选择仲裁选项但未明确填写仲裁委员会的名称，或填写的仲裁委员会不存在，则仲裁约定无效。）

| 红利领取方式<br>（投保分红保险时填写，非分红保险免填本栏，误填者不享有相关利益；投保人在投保时没有选定红利处理方式，我公司按累积生息方法办理） | 投资连结保险填写<br>（投保投资连结保险时填写，非投资连结保险，免填本栏，误填者不享有相关利益。） | | |
|---|---|---|---|
| □现金 | 投资账户<br>名称/代码 | 期交保险费<br>投资比例 | 额外/追加保险费<br>投资比例 |
| □累积生息 | | % | % |
| □抵交保费 | | % | % |
| □购买交清增额保险 | | % | % |
| □其他 | | % | % |
| 注：如选择抵交保费方式，而抵交时的红利不足以抵交合同主险及附加险当时应交保险费合计时，投保人应补足差额，以保证合同有效。 | | % | % |
| | | % | % |
| | 注：请您在选择账户和确定分配比例前仔细阅读产品说明书中的投资账户说明。 | | |

续表

## 转账授权

（选择银行转账方式交纳各期保险费或者通过银行转账方式领取条款约定的各类生存金的，请填写本栏。）

**保险费付款账户授权须知：**

1.授权人（投保人）自愿授权保险公司在保险合同规定的保险费支付日期和宽限期内的任意时间，委托转账银行从本次授权指定的保险费付款账户内划付到期应付保险费，扣款数据以保险公司向账户所有人开户银行提供的电子数据或单证为准。2.若投保投资连结型、万能型保险，本授权对首期保险费（包含首期期交保险费和额外/追加保险费）的效力是“本次有效”，同意保险公司自授权之日起一个月内的任意时间，委托转账银行划付首期保险费，本授权自授权之日起生效，一个月后自动终止划付首期保险费；本授权对续期期交保险费的效力是“持续有效”，同意保险公司在保险合同规定的期交保险费交付日期和其后的60日内的任意时间，委托转账银行划付基本保险费。3.保险公司确认保险费付款成功后，将按投保人选择的公司信息通知方式予以告知。如需发票，可持投保人有效身份证件到保险公司领取。4.保险合同效力中止后，本授权效力同时中止，保险公司暂停委托转账银行划付保险费，保险合同效力恢复后，本授权效力随即恢复。5.本授权自授权人签字之日起生效，持续有效至授权人通知终止授权、或授权账户终止、或保险合同交费期满、或保险合同效力终止时、授权人终止授权，变更账户或变更通讯地址时，应在当期保险费/期交保险费交付日30日前向保险公司递交书面通知。6.因不可归责于转账银行、保险公司的事由，导致不能及时划付应付保险费、划账错误等责任，由授权人承担。

**领款账户授权须知：**

1.根据保险合同的约定，同意保险公司通过银行转账将各类保险金（包括满期保险金、生存保险金、年金、利差及红利等）划转到授权人（申领满期保险金、生存保险金、年金时授权人为被保险人，申领红利、利差时授权人为投保人）指定的账户。2.除保险合同另有约定外，满期保险金、生存保险金、年金等款项应由被保险人领取，保险公司按期将到期的相应款项划付至授权人指定的领款账户，红利领取方式选择现金并填写指定领款账户的，保险公司按期将到期红利派发到授权人指定的账户。3.同意在保险公司转账付款后及时查对该笔款项，遇到疑问尽快通知保险公司。保险公司未接到通知，则视为已确认收到该笔款项。4.保险合同效力中止，本授权效力同时中止，保险公司暂停划转上述保险金，保险合同效力恢复后，本授权效力随即恢复。5.本授权自授权人签字之日起生效，持续有效至授权人通知终止授权、或转账账户终止、或保险合同效力终止时。授权人终止授权，变更账户时，应在下一个领取日的30日前向保险公司递交书面通知。6.因不可归责于转账银行、保险公司的事由，导致到期应付款项不能及时划转、划账错误等责任，由授权人承担。

**（一）保险费付款账户授权：**

账户形式 □借记卡 □活期存折 □其他________ 开户银行

账　　号 | | | | | | | | | | | | | | | | | | | | 账户所有人姓名

账户所有人应为投保人本人，若确因需要使用非投保人账户交纳保费的，请账户所有人填写如下项目并签字确认。

账户所有人身份 □被保险人 □其他________（请填写与投保人的关系） **账户所有人签字：**________

证件类型 □身份证 □其他________ 证件号码 | | | | | | | | | | | | | | | | | | |（勾选被保险人的，免填此行。）

**（二）满期金、生存金、年金等保险金领款账户授权：**

□授权保险费付款账户领取　　□授权如下账户领取：

账户形式 □借记卡 □活期存折 □其他________ 开户银行

账　　号 | | | | | | | | | | | | | | | | | | | | 账户所有人姓名

申领满期金、生存保险金、年金时，账户所有人应为被保险人本人，若确因需要使用非被保险人账户领取上述保险金的，请账户所有人填写如下项目并签字确认。

账户所有人身份 □投保人 □其他________（请填写与被保险人的关系） **账户所有人签字：**________

证件类型 □身份证 □其他________ 证件号码 | | | | | | | | | | | | | | | | | | |（勾选投保人的，免填此行。）

**（三）红利、利差款项领取账户授权：**

□授权保险费付款账户领取　　□授权如下账户领取：

账户形式 □借记卡 □活期存折 □其他________ 开户银行

账　　号 | | | | | | | | | | | | | | | | | | | | 账户所有人姓名

申领红利、利差时，账户所有人应为投保人本人，若确因需要使用非投保人账户领取上述款项的，请账户所有人填写如下项目并签字确认。

账户所有人身份 □被保险人 □其他________（请填写与投保人的关系） **账户所有人签字：**________

证件类型 □身份证 □其他________ 证件号码 | | | | | | | | | | | | | | | | | | |（勾选被保险人的，免填此行。）

## 告知事项

（若投保险种保险条款中列明有“免交未到期保险费责任”的，须同时填写“投保人”项下告知事项。）

| 1.身高体重 | 被保险人身高 | 厘米 | 体重 | 公斤 | 投保人身高 | 厘米 | 体重 | 公斤 |
|---|---|---|---|---|---|---|---|---|

2.平均年收入（填写过去三年大约的平均年收入值）

| 说明对象 | 职　务 | 固定年收入 | 收入来源 | 填写说明 |
|---|---|---|---|---|
| 被保险人 | | | | 主要收入来源包括：①工薪 ②个体 ③私营 ④房屋出租 ⑤证券投资 ⑥银行利息 ⑦农副业 ⑧其他________ |
| 投 保 人 | | | | 职务可选择：①一般职员 ②部门经理 ③总经理 ④一般干部 ⑤科级 ⑥处级 ⑦厅局级及以上 ⑧其他 |

3.吸烟习惯　被保险人已吸烟________年，平均每天________支，戒烟________年。投保人已吸烟________年，平均每天________支，戒烟________年。

| 4.生活习惯： | 被保险人 | 投保人 |
|---|---|---|
| A.饮酒习惯：是否平均每天饮白酒等烈性酒50克以上 | □是 □否 | □是 □否 |
| B.是否参加潜水、拳击、攀岩、飞行、赛车、漂流等危险运动或有此类嗜好 | □是 □否 | □是 □否 |
| C.是否服食任何成瘾药物或吸毒 | □是 □否 | □是 □否 |
| D.是否计划两年内出国 | □是 □否 | □是 □否 |

续表

| | | |
|---|---|---|
| **5.身体残障**： | | |
| A.是否曾患听力、视力、语言、咀嚼障碍、智力障碍 | □是 □否 | □是 □否 |
| B.是否曾患有脊柱、胸廓畸形，四肢，手，足，指残缺 | □是 □否 | □是 □否 |
| **6.症状体征**：是否曾患有、或被告知有下列症状，或因下列症状接受治疗：<br>慢性咳嗽、咯血、胸闷、心慌、气短、浮肿、声嘶哑、吞咽困难、呕血、黑便、腹痛、黄疸、贫血、肿块、血尿、蛋白尿、皮肤淤斑、不明原因皮下出血点、渐进性消瘦、持续性头痛、晕厥、抽搐、昏迷、长期发热、高度近视 | □是 □否 | □是 □否 |
| **7.病史询问**：是否曾患有或接受治疗过下列疾病： | | |
| A.高血压、先天性心脏病、风湿性心脏病、心内膜炎、冠心病、心肌梗塞、心律失常、心肌炎、脑血管意外 | □是 □否 | □是 □否 |
| B.帕金森氏病、癫痫、脑部疾病、脊髓疾病、精神病 | □是 □否 | □是 □否 |
| C.哮喘、肺结核、肺气肿、支气管扩张、尘肺、矽肺、肺原性心脏病 | □是 □否 | □是 □否 |
| D.消化性溃疡、萎缩性胃炎、胰腺炎、肝硬化、肝炎、肝炎病毒感染、胆道感染或胆石症 | □是 □否 | □是 □否 |
| E.尿路结石或畸形、肾炎、肾病、肾功能不全、多囊肾、肾盂积水、前列腺疾病 | □是 □否 | □是 □否 |
| F.肿瘤(包括恶性肿瘤及尚未确诊为良性或恶性之息肉、肿瘤、囊肿、结节、赘生物) | □是 □否 | □是 □否 |
| G.糖尿病、痛风、垂体机能亢进或减退、甲状腺机能亢进或减退、肾上腺机能亢进或减退 | □是 □否 | □是 □否 |
| H.系统性红斑狼疮、风湿或类风湿病、胶原性疾病及结缔组织疾病、椎间盘突出、疝、痔 | □是 □否 | □是 □否 |
| I.贫血、血小板减少性紫癜、过敏性紫癜、血友病、白血病，被建议不宜献血 | □是 □否 | □是 □否 |
| J.白内障、视网膜疾病、角膜疾病、青光眼、中耳炎及其它眼、耳、鼻、喉或口腔疾病 | □是 □否 | □是 □否 |
| K.先天性疾病、遗传性疾病、地方病、职业病、药物过敏史 | □是 □否 | □是 □否 |
| L.是否还有以上未列明的疾病 | □是 □否 | □是 □否 |
| **8.诊疗、检查经历**： | | |
| A.过去3个月内是否接受过医生的诊断、检查和治疗 | □是 □否 | □是 □否 |
| B.过去5年内是否因疾病或受伤住院或手术 | □是 □否 | □是 □否 |
| C.过去5年内除健康普查外有否做过下列检查：X光（透视、摄片）、心电图、B超、CT或核磁共振、脑电图、血液化验、胃镜、肠镜等内窥镜检查、病理活检、眼底检查 | □是 □否 | □是 □否 |
| 9.你及你的配偶是否曾接受或试图接受与艾滋病有关的诊察或治疗？在过去6个月内是否曾持续超过一周以上有下列症状：体重下降、食欲不振、盗汗、腹泻、淋巴结肿大及皮肤溃疡 | □是 □否 | □是 □否 |
| 10.父母兄弟姐妹中是否有人曾患有遗传性疾病、结核病、肝炎、肝硬化、癌症、糖尿病、肾病、心脏病、中风、高血压、动脉硬化、精神病或曾是乙肝、丙肝病毒携带者或60周岁以前因病身故 | □是 □否 | □是 □否 |
| **11.妇女专项**： | | |
| A.是否正在怀孕？如是，孕期第　　周 | □是 □否 | □是 □否 |
| B.是否患有子宫肌瘤、子宫颈癌、卵巢囊肿、卵巢癌、异位妊娠、乳腺增生（包块、肿块）、乳腺癌、阴道不规律出血等疾病 | □是 □否 | □是 □否 |
| **12.投保记录**： | | |
| A.过去两年内是否曾被保险公司解除合同或申请人身保险而被延期、拒保或附加条件承保 | □是 □否 | □是 □否 |
| B.过去有无向我公司或其他人身保险公司索赔 | □是 □否 | □是 □否 |
| C.目前是否有已参加或正在申请中的其他人身保险？如有，请在备注栏告知承保公司、保险险种名称、保险金额、保单生效时间 | □是 □否 | □是 □否 |
| 13.说明(以上4—12项如"是"，请在备注栏内列明问题编号及有关需说明的内容，包括疾病诊治日期、诊治结果、诊治医院名称、债务情况等。对投保单及告知内容，我公司承担保密责任。) | | |
| **备注** | | |

**声明与授权**

1.贵公司所提供的投保单已附保险条款，已对保险合同的条款内容履行了说明义务，并对免除保险公司责任的条款履行了明确说明义务。本人已仔细阅知、理解投保提示、产品说明书(仅限于分红、万能、投资连结保险)及保险条款尤其是责任免除、解除合同等规定，并同意遵守。本人所填投保单各项及告知事项均属事实并确无欺瞒。上述一切陈述及本声明将成为贵公司承保的依据，并作为保险合同一部分。如有不如实告知，贵公司有权在法定期限内解除合同，并依法决定是否对合同解除前发生的保险事故承担保险责任。

2.本人谨此授权凡知道或拥有任何有关本人健康及其它情况的任何医生、医院、保险公司、其它机构或人士，均可将有关资料提供给贵公司。此授权书的影印本也同样有效。

3.本人自愿授权：投保具有续保条款的意外险或健康险产品的，在保险合同期满前，本人未作出终止续保的书面申请，且贵公司未作出拒绝续保、调整承保条件的决定，交费方式选择银行转账的，贵公司有权按"转账授权：保险费付款账户授权须知"的约定划转续保保险费，为本保险合同续保。如在合同满期日后条款规定的宽限期内，贵公司未收取到足额续保保费的，贵公司默认本人自动放弃续保。

4.本人已知晓：

（1）具有续保条款的意外险或健康险产品，贵公司将按续保保险期间开始时被保险人的年龄和职业、无赔款优待、上年度保额等费率计算因子重新计算续保合同保费，并保留拒绝续保、对承保条件做出相应调整的权利。

（2）具有续保条款的意外险或健康险产品，如果被保险人的职业（或工种）、健康状况等发生变化或在保险期间发生保险事故，本人有义务应在续保之前以书面形式如实告知贵公司。

5.未成年人投保授权声明（被保险人为未成年人　投保人非被保险人法定监护人时填写）：

作为被保险人的法定监护人，本人同意投保人＿＿＿＿＿＿为被保险人投保贵公司的保险产品及基本保险金额，并同意本投保单中设定的受益人、受益顺序及受益份额。

授权人与被保险人的关系：□父亲 □母亲 □其他＿＿＿＿　　授权人签名：＿＿＿＿

授权日期：　　年　　月　　日

投保人签名：　　　　被保险人（或其法定监护人）签名：　　　　投保申请日期：　　年　　月　　日

以下由保险公司填写：

受理机构：　　　　经办：　　　　受理日期：　　年　　月　　日

## 步骤九 售后服务

### （一）销售人员售后服务内容

1. 及时递送保单。客户签单后销售人员将投保单带回公司，公司进行核保、出单，一般7天左右完成。所以一定要及时递交保单。还要提醒客户公司的客户服务部门会有回访电话，请注意接收，也能让客户更加信任公司的安全稳妥。递送保单之前要将客户的资料备份一份以便今后更好地服务。

2. 带客户体检。人寿保险通常会对高保额客户体检或者标准体客户抽查体检。

3. 保全服务：指导客户对保险合同的变更。

（1）复效。属人身保险合同中的一般性条款。当保单所有人在缴费过了宽限期后，并且没有使用自动垫缴保险费贷款，保险单便会失效，复效条款允许保单所有人恢复一份失效保险单的效力，我国一些保险险种规定在两年内可申请复效。

（2）退保。在保险合同没有完全履行时，经投保人向被保险人申请，保险人同意，解除双方由合同确定的法律关系，保险人按照《中华人民共和国保险法》及合同的约定退还保险单的现金价值。

（3）续缴保费。原保险合同有效期满后，投保人在原有保险合同的基础上向保险人提出续保申请，保险人根据投保人的申请和实际情况，可对原合同条件做适当修改而继续签约承保的行为。续保能力是保险公司对原有客户和业务的保留能力。

4. 及时参与理赔：

（1）如果客户发生保险事故立即通知保险公司。

（2）帮助客户办妥必需手续。

5. 附加值服务：

（1）定期沟通。销售人员要经常与客户联系，进行问候，一方面及时了解客户的现状提供售后服务，另一方面为拓展新业务做好充分的准备。

（2）收费通知。提醒客户按时缴费，避免超过宽限期造成保单失效。

（3）教育培训。当有新产品或者新政策出台时，可以及时通知客户来学习交流，给客户提供全方位的服务。

### （二）售后服务的技巧

1. 销售人员做好售后服务，客户会介绍更多的朋友，这样客户群就越来越大。

2. 对已购买保险的客户，还可以定期为他整理保单，提醒他是否需要加保等服务。

3. 千万不要为了帮助客户理赔，与客户合伙欺骗保险公司，这样将最终损害的是客户的利益。

**练一练**

请你将通过核保的保险单递送给张女士，并索取转介绍。

## 综合训练

### 一、单选题

1. 不属于准客户的基本条件是（　　）。

A. 有保险需求的人　　B. 有经济条件的人

C. 身体健康的人　　D. 任何人均可以入保险

2. 下列哪种情形（　　）导致被保险人身故、身体高度残疾或患重大疾病，本公司负保险责任。

A. 投保人、受益人对被保险人的故意行为

B. 被保险人故意犯罪、拒捕、自伤身体

C. 被保险人服用、吸食或注射毒品

D. 被保险人在本合同生效（或复效）之日起两年后自杀

3. 周岁年龄计算：2009 年 10 月投保，1973 年 11 月出生，年龄为（　　）岁。

A. 34　　B. 35　　C. 36　　D. 37

4. 不属于销售人员售后服务内容的是（　　）。

A. 递送保单　　B. 陪同体检

C. 理赔服务　　D. 承保出单

5. 保险代理从业人员资格证书登记事项发生变更的，持有人应当持变更事项证明材料和《资格证书》原件，向（　　）办理相关变更手续。

A. 保险行业协会　　B. 中国保险学会

C. 中国保监会　　D. 保险公司

6. 不属于保障类保险的是（　　）。

A. 人寿保险　　B. 健康医疗保险

C. 投资分红类保险　　D. 养老保险

7. 一个家庭中最应该先给（　　）上保险。

A. 小孩　　B. 老人

C. 家庭经济支柱　　D. 丈夫

8. 不属于常用准客户开拓基本途径的是（　　）。

A. 缘故法　　B. 打折法

C. 转介绍法　　D. 陌生开拓法

9. 保险争议处理方式一般建议采用（　　）方式处理。

A. 协商处理　　B. 法院诉讼

C. 仲裁解决　　D. 行政处理

10. 在我国，一般情况下以被保险人死亡为给付保险金条件的合同，自合同成立或者合同效力恢复之日起两年内，被保险人自杀的，且自杀被保险人并非无民事行为能力的人，保险人承担责任的情况是（　　）。

A. 承担给付保险金的责任　　　　B. 不承担给付保险金的责任

C. 承担给付保险金额50%的责任　　D. 承担给付保险金额80%的责任

## 二、判断题

1. 缘故开拓：即利用缘故关系以及原有客户的介绍，展开连锁性发掘工作。转介绍人是保险销售的影响力中心，使我们的寿险推销能更顺利地获得好业绩。（　）

2. 保险产品组合思路常用主附搭配：即主险和附加险之间的合理搭配，如主险和主险、主险和附加险，主险包括终身险、定期险、生死合险、年金险等。（　）

3. 为孩子设计险种时，经济实力一般：教育储蓄险；经济实力较强：儿童意外险和医疗险、重大疾病。（　）

4. 保险费缴付方式分为趸缴、年缴、半年缴，分期交付保险费的缴费期间又分为十年和二十年，按规定由投保人进行选择。（　）

5. 投保人和被保险人亲笔签名，被保险人为未成年人，无完全民事行为能力，任何人代签本人名字均可。（　）

6. 一般以个人或家庭年收入的15% ~20%为合理的保费支出。（　）

7. 保障型的险种以收入的15% ~20%为保费就足够了。（　）

8. 给客户设计保险方案以先投资理财产品，然后再做保障型的产品。（　）

9. 设计保险方案以先小孩再大人的原则。（　）

10. 根据《保险营销员管理规定》，保险营销员销售分红保险、投资连接保险、万能保险等保险新型产品的，应当明确告知客户此类产品的费用扣除情况，并提示投保此类产品的保障风险。（　）

## 三、案例分析

张小、刘洋、江一是一同进入保险公司的好朋友。一天，开完晨会后，张小就去拜访一位朋友介绍的人事部李主任，刘洋留在职场给服装工作室的杨小姐打电话，杨小姐的电话在杂志上看得到，江一去见只见过一面的钟女士销售保险。

张小到了李主任那儿，寒暄了几句就提到了保险，李主任不冷不热地说："谁把我的电话告诉你的？买保险我自己考虑，需要的话我会自己处理。"

刘洋留在职场拨通了杨小姐的电话，杨小姐不高兴地说："我正在吃早点，还有很多事要忙，以后再说！"

江一到钟女士家，先给她谈了一阵保险理念，钟女士也非常认同，江一又和她聊了一阵她的家庭情况，然后提出给她做一份保险计划书，钟女士说："我们家这些事由我先生决定，我做不了主。"

讨论：

（1）张小在开发准客户的过程中应如何处理异议？

（2）刘洋在约访杨小姐时有什么不妥？他是如何成功约访的？

（3）江一如何解决钟女士的异议使销售继续下去？

## 四、实践操作题

资料：高先生要给自己上份健康保险及附加意外保险，1984 年 3 月 25 日出生，2010 年 10 月 15 日投保，职业：民生银行信贷部信贷员（外勤人员），地址：西城区德外大街 191 号，手机：13378962345，身份证：210105198403251245。

主险：康宁终身保险，保险金额 10 万元，20 年缴。附加意外伤害保险 5 万、附加意外伤害费用补偿医疗保险 5 万。受益人为父母各 50%，父亲：高××，身份证号 210105195601281234；母亲：林××身份证号 210105195805201234。

要求：参照资料及表 2－1－7 至表 2－1－10，计算周岁年龄填写投保单。

表 2－1－7　职业分类表

| 中分类 | 小分类 | 意外伤害级别 | 中分类 | 小分类 | 意外伤害级别 |
|---|---|---|---|---|---|
| 0001<br>机关团体、公司 | 公务员、职员（内勤）000101 | 1 | 1601<br>银行保险 | 内勤人员 160101 | 1 |
| | 维修、司机（外勤）000102 | 2 | | 外勤人员 160102 | 1 |
| | 其他工作人员 000103 | 1 | | 储蓄人员 160103 | 2 |

表 2－1－8　康宁终身保险费率表　保险金额：1000 元

| 投保年龄 | 男性 | | 女性 | |
|---|---|---|---|---|
| | 10 年 | 20 年 | 10 年 | 20 年 |
| 25 | 137 | 77 | 123 | 69 |
| 26 | 140 | 79 | 126 | 71 |
| 27 | 143 | 81 | 129 | 73 |
| 28 | 146 | 83 | 132 | 74 |

表 2－1－9　国寿附加意外伤害保险

保险金额：1000 元　单位：元

| 职业类别 | 一 | 二 | 三 | 四 |
|---|---|---|---|---|
| 保险费 | 2 | 3 | 4 | 5 |

表 2－1－10　国寿附加意外伤害费用补偿医疗保险

保险金额：1000 元　单位：元

| 职业类别 | 一 | 二 | 三 | 四 |
|---|---|---|---|---|
| 保险费 | 6 | 8 | 12 | 16 |

要求：

1. 计算：

被保险人周岁年龄：____________

保额为 10 万元，康终的保费____________

保额为 5 万元，意外伤害保费____________

保额为 5 万元，意外伤害费用补偿医疗保费____________

2. 填写下列投保单：

表 2－1－11

销售机构代码：
销 售 渠 道：
销售人员姓名：
销售人员代码：

国寿 1+N 一张保单 多种服务

中国人寿保险股份有限公司
China Life Insurance Company Limited

*1110114000015 4171*

# 个人保险投保单

**投保须知**

1. 请您在仔细阅读保险条款、充分理解保险责任、责任免除、解除合同等规定，权衡保险需求和交费能力后，再作出投保决定。
2. 投保单为保险合同的重要组成部分，请准确、真实填写，并由投保人、被保险人亲笔签名。不明事项请向销售人员或我公司咨询。如无特别声明，我公司将以您本次填写的地址为您的最新地址。如有地址变更，请及时通知我公司，以便为您提供服务。
3. 根据《中华人民共和国保险法》规定，我公司有权对投保人、被保险人的有关情况进行询问，您应如实告知，如您未如实告知，我公司有权在法定期限内解除合同，并依法决定是否对合同解除前发生的保险事故承担保险责任。
4. 本合同自投保人提出申请、我公司同意承保后成立；自本合同成立、我公司收取首期保险费并签发保险单的次日零时起本合同生效，除另有约定外，本合同生效日期为我公司开始承担保险责任的日期。
5. 一切与本投保单各项内容及保险条款相违背或增减的销售人员说明及解释均属无效，一切告知均以书面为准。
6. 投保人通过销售人员递交投保单、交付保险费的，请检查销售人员证件并及时索取盖有我公司收费专用章的收款收据。

**客户资料**

**投保人**

| | | | | | |
|---|---|---|---|---|---|
| 姓　名 | | 性　别 | □男　□女 | 出生日期 | 年　月　日 |
| 国　籍 | □中国　□其他 | 证件类型 | □身份证 □护照 □军人证 □在华居住证 □其他 | | |
| 证件号码 | | 证件有效期限 | 至　年　月　日／□长期 | | |
| 婚姻状况 | □未婚 □已婚 □其他 | 工作单位 | | | |
| 职　业 | | 兼　职 | | 职业代码 | 职业类别　级 |

（本合同所有往来文件送达，均以通讯地址为准，为确保您的权益，请准确填写本栏。）

| | | | |
|---|---|---|---|
| 通讯地址 | | 邮政编码 | |
| 家庭电话 | － 分机 | 办公电话 | － 分机 |
| 移动电话 | | 电子邮件 | |

公司信息通知方式 □电子邮件 □手机短信 □电话 □信函（四选一填写）

如果您没有特殊需求，我公司将以本次联系方式更新以前投保联系方式，并据此为您提供合同相关信息服务。□同意 □不同意

客 户 号

**被保险人**

是投保人的 □本人 □配偶 □父母 □子女 □其他　（若为投保人本人时，可免填以下资料）

| | | | | | |
|---|---|---|---|---|---|
| 姓　名 | | 性　别 | □男　□女 | 出生日期 | 年　月　日 |
| 国　籍 | □中国　□其他 | 证件类型 | □身份证 □护照 □军人证 □在华居住证 □其他 | | |
| 证件号码 | | 证件有效期限 | 至　年　月　日／□长期 | | |
| 婚姻状况 | □未婚 □已婚 □其他 | 工作单位 | | | |
| 职　业 | | 兼　职 | | 职业代码 | 职业类别　级 |

（本合同所有往来文件送达，均以通讯地址为准，为确保您的权益，请准确填写本栏。）

| | | | |
|---|---|---|---|
| 通讯地址 | | 邮政编码 | |
| 家庭电话 | － 分机 | 办公电话 | － 分机 |
| 移动电话 | | 电子邮件 | |

如果您没有特殊需求，我公司将以本次联系方式更新以前投保联系方式，并据此为您提供合同相关信息服务。□同意 □不同意

客 户 号

**身故保险金受益人** ①同一顺序受益人受益份额合计为100%。②同一顺序受益人超过2人的，应填写受益份额；超过3人的，请在备注栏中按相同要素填写。③除身故保险金以外的其他保险金受益人以条款约定为准，如需另外指定的，请在备注栏中按相同要素填写。④未填写身故保险金受益人信息的，我公司将依据《中华人民共和国保险法》第42条规定履行给付保险金的义务。

| 受益顺序 | 姓名 | 性别 | 出生日期（年/月/日） | 是被保险人的 | 受益份额 | 证件名称 | 证件号码 |
|---|---|---|---|---|---|---|---|
| | | | | | % | | |
| | | | | | % | | |
| | | | | | % | | |

第1页　共4页

表 2－1－12

*1110114000154172*

**要约内容**

| | | | | | | |
|---|---|---|---|---|---|---|
| （一） | 险种名称 | | | | | |
| | 保险金额 | | 标准保险费 | | 额外/追加保险费 | |
| | 交费期间 | 年/至 岁 | 保险期间 | □终身□定期（ 年/ 月 日/至 岁） | | |
| （二） | 险种名称 | | | | | |
| | 保险金额 | | 标准保险费 | | 额外/追加保险费 | |
| | 交费期间 | 年/至 岁 | 保险期间 | □终身□定期（ 年/ 月 日/至 岁） | | |
| （三） | 险种名称 | | | | | |
| | 保险金额 | | 标准保险费 | | 额外/追加保险费 | |
| | 交费期间 | 年/至 岁 | 保险期间 | □终身□定期（ 年/ 月 日/至 岁） | | |
| （四） | 险种名称 | | | | | |
| | 保险金额 | | 标准保险费 | | 额外/追加保险费 | |
| | 交费期间 | 年/至 岁 | 保险期间 | □终身□定期（ 年/ 月 日/至 岁） | | |
| （五） | 险种名称 | | | | | |
| | 保险金额 | | 标准保险费 | | 额外/追加保险费 | |
| | 交费期间 | 年/至 岁 | 保险期间 | □终身□定期（ 年/ 月 日/至 岁） | | |
| （六） | 险种名称 | | | | | |
| | 保险金额 | | 标准保险费 | | 额外/追加保险费 | |
| | 交费期间 | 年/至 岁 | 保险期间 | □终身□定期（ 年/ 月 日/至 岁） | | |

保险费合计（大写） （小写）

币种：□人民币 □其他 交费方式：□一次交清/趸交 □年交 □半年交 □季交 □月交 □不定期 □其他

为保障您的权益，建议您通过银行转账等非现金形式交纳保费，确需现金交费的请前往我公司营业网点办理，具体事宜可咨询销售人员或垂询我公司客户服务专线95519。

首期交费形式：□银行转账 □银行代收 □支（汇）票 □POS机 □现金 □其他

续期交费形式：□银行转账 □银行代收 □支（汇）票 □POS机 □现金 □其他

年金领取年龄： 周岁 首期领取金额： 元 （若投保险种无年金给付利益的，免填本栏，误填者不享有相关利益。）

领取方式：□趸领 □年领 □月领 □平准领取 □递增领取 □递增率为 % □其他

目前被保险人是否享有社会医疗保险或公费医疗保障 □是 □否

合同争议处理方式 □诉讼 □仲裁（若选择仲裁，请在此处明确填写全称： 仲裁委员会）

（若选择仲裁选项但未明确填写仲裁委员会的名称，或填写的仲裁委员会不存在，则仲裁约定无效。）

**红利领取方式**

（投保分红保险时填写，非分红保险免填本栏，误填者不享有相关利益；投保人在投保时没有选定红利处理方式，我公司按累积生息方法办理）

□现金

□累积生息

□抵交保费

□购买交清增额保险

□其他

注：如选择抵交保费方式，而抵交时的红利不足以抵交合同主险及附加险当时应交保险费合计时，投保人应补足差额，以保证合同有效。

**投资连结保险填写**

（投保投资连结保险时填写，非投资连结保险，免填本栏，误填者不享有相关利益。）

| 投资账户名称/代码 | 期交保险费投资比例 | 额外/追加保险费投资比例 |
|---|---|---|
| | % | % |
| | % | % |
| | % | % |
| | % | % |
| | % | % |
| | % | % |

注：请您在选择账户和确定分配比例前仔细阅读产品说明书中的投资账户说明。

第2页 共4页

# 任务二
# 团体人身保险销售业务

## 任务描述

开拓团体保险业务，代表保险公司为客户出具保险方案。

## 工作情景

1. 活动地点：银行模拟教室。
2. 角色分配：团体保险业务员。
3. 有关业务：

（1）拜访团体客户的负责人。

（2）制作团体保险计划书。

（3）填写团体投保书。

## 业务流程

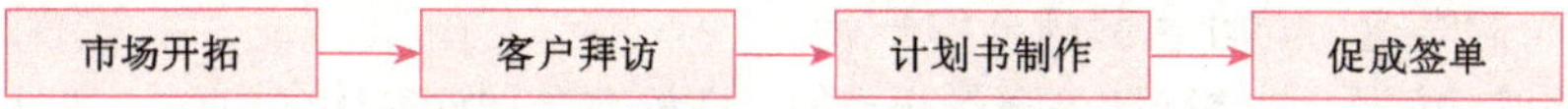


图2－2－1

## 业务分析

统计资料显示，在全球范围内，每年约有370万人死于意外伤害事故。为员工建立综合保障计划，以较低保险成本给企业员工提供风险保障、提升企业凝聚力，是现代企业人力资源管理的重要组成部分之一。

团险是指以各类大、中、小型企业社团组织及政府机关等为团体客户，为团体客户的成员提供包括健康医疗保障、身故伤残保障以及员工退休养老保障在内的保险保障，为企业制订全面的员工福利计划的保险业务。

团险投保人数和投保比例要求：投保人数必须在5人及以上，且需占团体中符合参保条件成员总数的75%以上。

保险公司不得为以购买保险为目的组织起来的团体承保团体保险。

## 业务实施

### 步骤一 目标市场开拓

#### （一）法人团体

1. 法人团体是指政府机关、企事业单位等。指具备以下条件的单位：

（1）依法成立，有自己的名称、组织机构和场所，能够独立承担民事责任。

（2）独立拥有和使用（或授权使用）资产，承担负债，有权与其他单位签订合同。

（3）会计上独立核算，能够编制资产负债表。

法人团体包括企业法人、事业单位法人、机关法人、社会团体法人和其他法人。

2. 非法人团体。非法人团体包括各类协会、联合会，如律师协会、计生协会、自愿者组织、政府机关、事业单位、团体内的部门。

3. 团体内个人。包括员工及其家属，这种情况通常指一个团体成为保险公司的客户后，保险公司再通过以自付费计划的形式，对团体内个人进行深度开发、个单团做。

#### （二）团险业务

按业务类型分类主要包括个人直销业务、渠道型业务、团体内政策性业务等。

1. 个人直销业务指直接针对各类企业开展的团险业务。

2. 渠道型业务包括：

（1）银行渠道。也就是通过与银行合作，由银行渠道介绍团体客户给保险公司。

（2）计生险渠道。与计生部门合作开展。

（3）旅游险渠道。与旅行社等合作开展的，即旅客参加旅行团的时候，同时投保旅游险。

（4）建工险渠道。与政府机关合作，统保所在地区的建工险。

3. 团体内政策性业务主要包括新农合、新农保等。

#### （三）收集信息内容

1. 单位的主营业务（确定行业）。

2. 员工的工种分布情况（确定风险级别）。

3. 员工的年龄结构情况（健康保障时必要信息）。

4. 以往的承保以及赔付情况（费率厘定依据）。

5. 单位的保费预算以及保障需求（推荐合适的保险计划）。

### 步骤二 客户拜访

#### （一）电话约访

1. 电话约访的关键步骤

自我介绍 → 确认对方 → 表明意图 → 拒绝处理 → 约定面谈 → 表示感谢

**图 2－2－2**

（1）问好，自我介绍。

（2）确定对方主管团体保险的职能部门，或者确定对方团体保险的决策人或经办人。

（3）表明意图。

（4）拒绝处理。

（5）约定面谈时间。

（6）表示感谢。

2. 电话约访举例

您好！我是××人寿公司团险客户经理×××。通过×××了解到贵公司。×××公司是我们×××公司的长期客户，对我们的服务也非常满意。贵公司的员工福利工作做得非常好，作为贵公司的员工非常得幸福。

我们希望与贵公司主管员工福利的老师建立一个工作联系。不会耽误您太多的时间，大概五六分钟，简单介绍一下我们公司的情况，可能会对您的工作带来帮助。您看您今天或明天有时间吗？

### （二）拜访客户

1. 拜访的关键步骤

自我介绍 → 递交名片 → 道明来意 → 信息收集 → 递送资料 → 再访铺垫

**图 2－2－3**

**【温馨提示】** 在走之前别忘了给自己一个再次拜访的机会。再访的理由：设计建议书、讲解详细条款、问卷调查等。在离开前，你要做的动作是：再次确认本次来访目的是否达到，然后向客户叙述下次拜访的目的、约定时间。

2. 再访铺垫话术举例

×××经理，感谢您用这么长的时间给我提供了这么多宝贵的信息，根据您今天所谈到的内容，我将回去好好地做一个方案，然后再来向您汇报，您看我下周二上午将方案带过来让您审阅，您看可以吗？

**练一练**

请设计并演练拜访的流程。

## 步骤三　团险计划书的制作

团险计划书是针对客户需求设计的保险产品（方案）以书面文字表达的一种形式。

制作计划书意义重大。团险客户需求层次多、复杂，难以口头解决，使用计划书可清晰、完整表达，解决客户的需求；团险领导很难有时间与你讨论细节，克服了时间限制的局限；团险方案需管理层讨论，团险企业需要非常认真地审核；计划书可以充分体现保险公司的专业水平、严密干练的办事风格，树立公司形象。

### （一）团险计划书的形式

1. 纸质书面。

2. 电子文档。

### （二）团险计划书的构成

1. 封面。

（1）名称——中国人寿保险股份有限公司员工福利计划方案。

（2）敬呈——××××××。

（3）作者——联系人。

（4）温馨提示——商业机密，注意保守。

2. 目录。本计划书内容及附件名称，让客户了解计划书的内容大纲。

3. 致辞。采取信函方式，一般包括：称呼（敬语）、感谢的话语、公司实力展示及与客户有关的内容。致辞中引用格言、领导讲话等。

4. 产品（保险方案）——计划书的核心内容。包括：

（1）适应范围。如①专门为×××设计；②参加了社保的×××单位。

（2）方案特点和功用。

（3）组合依据。使用了哪些条款。

（4）产品内容阐述。保险费、保险金额、保险责任、赔付办法，思路清晰、语言规范、如实告知，除外责任列在后面。

（5）温馨提示。内容需齐全，排列从重点开始，条款、费率等可作附件。

5. 服务承诺。承保后公司的服务内容及措施。

6. 国家政策支持。支持本方案的有关国家政策。

7. 公司介绍。

## 步骤四　促成签单

### （一）促成目的

1. 促使客户投保。

2. 签定对双方有利的保险合同。

### （二）促成流程

1. 寻找把握时机。常见的促成时机有：

（1）国家政策变动之时：经济、法律、税务、利率。

（2）行业政策变动之时：扩张、收缩。

（3）企业变动之时：增资扩股、关停并转。

（4）人员变动之时：股东、领导人、决策人、经办人、业务骨干离司；员工出险。

（5）年终结账；年初计划、储蓄到期、欠账追回之时。

2. 帮助有关决策者下决心，晓之以理，动之以情，从而说服决策人。

（1）明示法：明示客户保险需求已经明确，保险计划已经完善，资金已经到位，机会已经来临；机不可失。此时错过机会将导致你我前功尽弃，损失无法弥补。

（2）感动法：以真情关心感动；以专业知识感动；以勤奋耐心感动。

3. 战胜竞争对手：

（1）人品为本：为人的正直、诚恳、敬业、勤奋是成功的根本。

（2）业务知识：专业、丰富、全面，使客户感到可以信任和依赖。

（3）服务水平：周到、完善，使客户感到放心和满意。

4. 安排签约程序（时间、地点、内容、气氛）：

（1）准备工作要充分：准备好合同、执照、投保单、名单附表、收据。

（2）确定时间地点：时间宽松、日程紧凑；在我方较好。

（3）布置好签约气氛：喜庆、友好、自然、融洽。

（4）签约后注意事项：不夸夸其谈、不炫耀、不慢待。

图 2－2－4 所示，为一般团体保险的格式。

**团体保险的保险单**

投保内容：　　　　　　　　　　　　　　　　　　　　（币值单位：人民币元）

<table>
<tr><th colspan="2">险种名称</th><th>保险期间</th><th>投保人数</th><th>基本保险金额总额</th><th>保险费</th></tr>
<tr><td colspan="2"></td><td></td><td></td><td></td><td></td></tr>
<tr><td colspan="2"></td><td></td><td></td><td></td><td></td></tr>
<tr><td colspan="2"></td><td></td><td></td><td></td><td></td></tr>
<tr><td colspan="2"></td><td></td><td></td><td></td><td></td></tr>
<tr><td colspan="2"></td><td></td><td></td><td></td><td></td></tr>
<tr><td colspan="2"></td><td></td><td></td><td></td><td></td></tr>
<tr><td colspan="2"></td><td></td><td></td><td></td><td></td></tr>
<tr><td rowspan="2">保险费合计：</td><td colspan="5">（大写）　亿　仟　佰　拾　万　仟　佰　拾　元　角　分</td></tr>
<tr><td colspan="5">（￥：________________）</td></tr>
<tr><td colspan="6">资费频率：□一次交清　□年交　□其他________<br>首期交费方式：□现金　□支票　□其他________　　续期交费方式：□现金　□支票　□其他________</td></tr>
</table>

**图 2－2－4**

## 综合训练

### 一、不定项选择题

1. 团险投保人数和投保比例要求：投保人数必须在（ ）人及以上，且需占团体中符合参保条件成员总数的（ ）%以上。

A. 5　　B. 10

C. 75　　D. 50

2. 再访的理由不包括（ ）。

A. 保险代理员落东西　　B. 递送设计建议书

C. 讲解详细条款　　D. 收集问卷调查

3. 团险计划书的形式有（ ）。

A. 口头说明　　B. 纸质书面

C. 电子文档

4. 团险的渠道型业务包括（ ）。

A. 新农合业务　　B. 银行渠道

C. 旅游险渠道　　D. 建工险渠道

5. 法人团体包括（ ）。

A. 企业法人　　B. 事业单位法人

C. 机关法人　　D. 社会团体法人和其他法人

### 二、判断题

1. 缘故开拓主要源于我们已有的人际关系。（ ）
2. 律师协会、计生协会属于法人团体。（ ）
3. 保险公司不得为以购买保险为目的组织起来的团体承保团体保险。（ ）
4. 在交流过程中，业务人员要时刻观察客户的情绪变化，适时结束谈话。（ ）
5. 服务承诺是计划书的核心内容。（ ）

### 三、实务操作

资料：红星制药厂，有员工300人，其中销售人员30人，参加了社会医疗保险。一次，保险公司业务员宋大宝与该厂总经理洪永发在朋友酒席相遇，洪总向宋大宝表露近年单位企业效益较好，社保医疗给员工医疗保障太低，门槛低，自付比例和自费药均需要自己承担，而员工得病后一方面上班受到影响，工资减少，另一方面医疗费部分要自担，负担相对较重，而企业却无能为力，特别是患重大疾病，要付医疗费更大，洪总很是同情，但却爱莫能助。另外，洪总刚刚从北京参加一个大型洽谈项目回来，面对长年在外的销售人员，万一发生意外，对家属的安抚问题很是担心。

要求：请你按照业务流程给红星制药厂制订一份团体保险计划书。

## 项目小结

项目二 人身保险销售业务

- 个人人身保险销售业务
  - 步骤一 开拓准客户（陌生、缘故、转介绍）
  - 步骤二 充分准备（心理、物质资料、计划）
  - 步骤三 电话约访（自我介绍、引起兴趣、约定见面、礼貌告别）
  - 步骤四 初次面谈（注意恰当的赞美保户，引导保户需求）
  - 步骤五 设计保险计划书（熟悉公司的保险条款）
  - 步骤六 产品说明（背景说明、产品特色、举例说明、促成签单）
  - 步骤七 异议处理（仔细聆听、辨别真伪、给予认同、解释处理）
  - 步骤八 促成签单（周岁的计算、保费的计算、设计合理保额）
  - 步骤九 售后服务（可以为你带来更多的保户）
- 团体人身保险销售业务
  - 步骤一 目标市场开拓
  - 步骤二 客户拜访
  - 步骤三 团险计划书的制作
  - 步骤四 促成签单

## 评 价

明星是5颗☆　　勇士是3～4颗☆　　菜鸟是2颗☆及以下

| 项目 | 知识掌握能力 | 知识运用能力 | 学习热情程度 | 回答问题表达能力 | 合 计 |
|---|---|---|---|---|---|
| 自评 | | | | | |
| 同学评 | | | | | |
| 老师评 | | | | | |
| 合计 | | | | | |

# 项目三

# 3 人身保险承保业务

## 学习目标

- ☐ 熟悉保险产品的条款及保费计算，承保的有关规定
- ☐ 掌握保险承保业务各工作流程
- ☐ 会操作保险软件中的承保业务

### 导入案例

投保人冯某于2005年8月17日投保终身保险1份，附加住院医疗险1份。在投保时业务员将附加险的费率由340元错算成190元，而当时公司核保人员亦未查出其错误便核保通过。另外，在保单上又将投保人的名字打错。2007年8月公司发现了上述费用错误，通知客户在交第3年保费时，附加险费率按正确的数目340元缴纳。该客户获知后怒气冲冲地到保险公司客户服务部，以公司屡屡出错对保险公司失去信任为由，要求全额退保。

## 任务一
## 个人人身保险承保业务

### 任务描述

保险人对愿意购买商业人身保险的单位或个人所提出的投保申请进行审核，做出是否同意接受和如何接受的决定的过程。可以说，人身保险业务的邀约、承诺、核查、订费等签订保险合同的全过程，都属于承保业务环节。

## 工作情景

1. 活动地点：保险模拟教室。
2. 角色分配：承保出单员、复核员、核保员。
3. 有关业务：

（1）审核业务员交来的个人投保单信息。

（2）审核投保人、被保险人身份等信息。

（3）对保险标的等信息进行核保。

（4）根据业务录入保险教学软件系统，缮制保险单。

（5）根据费率表计算相应的保费。

（6）收费、打印。

## 业务分析

1. 客户或外勤人员根据投保单填写要求，完成投保单填写，交给承保内勤人员。

2. 承保内勤人员根据投保单内容，进行保单信息审核及录入并保存录入信息；复核人员查询出该投保单并审核录入正确性，确认无误后复核该投保单。

3. 系统自动提交核保处理，根据预先设置的核保条件进行该投保单的最高核保级别判断，同时按级别提交不同的核保人员处理；不同级别的核保人员逐级完成对该投保单的核保操作，如有任何一级核保不通过，都将打回操作人员修改投保单后，重新提交核保人员核保。

4. 核保通过后进行见费出单登记及刷卡，刷卡成功后系统自动生成保单号；保单生成后，操作人员可以根据客户要求打印各种单证（保单、保险卡）。

5. 收付员在收付费系统中进行该业务的相关操作，打印收据、收费。至此一张投保单的业务完成。

## 业务流程

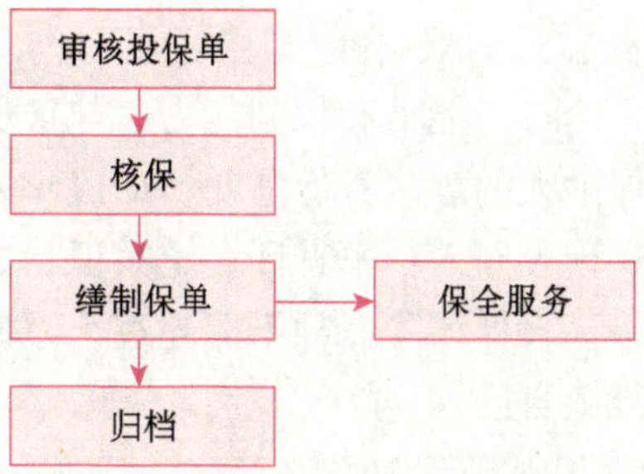


图3－1－1

## 业务实施

# 步骤一 投保单的审核

投保过程包括：指导客户填写投保单和审核投保单两个环节。下面以审核投保单为重点介绍。

**知识链接**

投保单是投保人的书面要约。投保单经投保人据实填写交付给保险人就成为投保人表示愿意与保险人订立保险合同的书面要约。

### （一）审核投保单的程序

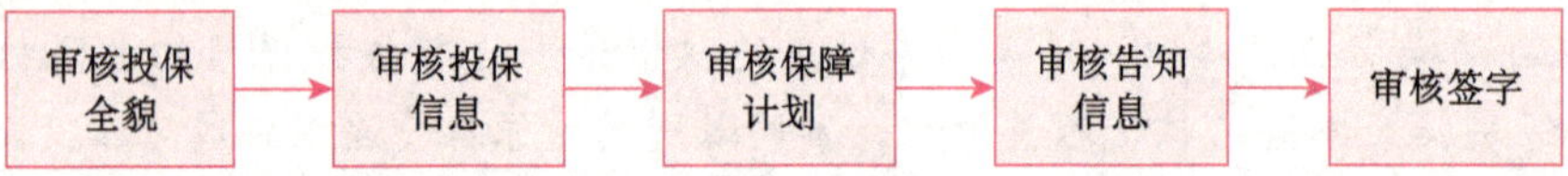


图 3－1－2

1. 审核投保单全貌的一般规则：

（1）请用简体字，不得使用繁体字或连笔字。

（2）填写时应字迹清晰、字体工整，不得漏填。

（3）需用蓝黑或黑色钢笔、签字笔填写，不能用打印、铅笔、圆珠笔或红色笔。

（4）保持整洁，不得折叠、涂改或者玷污。

（5）仔细检查有无漏填项目，身份证号、银行账号、客户签章。

2. 审核投保人、被保险人、受益人等具体规则：

（1）投保人、被保险人、受益人的限制。

①投保人是成年人，具备完全行为能力和权利能力，与被保险人具有保险利益关系。

②投保人必须能够提供被保险人的合法身份证明。如成年人：身份证复印件或身份证号码；未成年人：户口本复印件；现役军人：军官证、士兵证、文职证复印件；无户口之未成年被保险人：提供出生证明、最高投保风险保额不能超过 5 万元、投保人必须为父母。

③身故受益人不能是被保险人自己。

**知识链接**

可保利益：即被保险人需如实填写与投保人的关系：本人、配偶、父母、子女、兄弟姐妹、其他。

（2）客户姓名。

①字体清楚、容易辨认。

②名字必须和投保人签字处的名字一致。

③名字必须和客户有效证件上的姓名保持一致。

（3）性别、出生日期。

①性别：性别必须和有效证件显示的保持一致。

②出生日期：必须与有效证件保持一致，按照“YYYY－MM－DD”共八位的格式填写。避免无效日期的填写。

（4）证件类型及证件号。

①符合本公司要求的有效证件有：居民身份证、军官/士兵证、护照等。证件号码为各证件上对应的唯一数字标识。

②使用身份证的，需核对位数为18位。身份证号与性别、出生日期必须匹配。

**【温馨提示】**新身份证号码为18位，第7～10位代表出生年份，第11～12位代表出生月份，第13～14位代表出生日；第17位为性别判别码，奇数代表男性，偶数代表女性。

③未成年人的证件类型可选择户口簿、出生证等。

（5）年龄。

①定责任生效日，在生日之前的，年龄＝投保年份－出生年份－1。

②定责任生效日，在生日之后的（包括生日当天），年龄＝投保年份－出生年份。

（6）婚姻。

①婚姻：未婚、已婚和其他。

②“其他”指同居、离婚、丧偶等状态。

（7）国籍：中国大陆、其他。

（8）工作单位、岗位职务、职业代码及类别、年收入。

①工作单位：须填写现工作单位全称。有兼职情况的，需在特别声明栏补充说明兼职的单位名称、从事的职业。

②岗位职务：要根据具体从事的工作岗位来填写。

③职业代码及类别：本栏由业务员在查阅职业分类表后填写。

④年收入：投保人、被保险人须进行财务告知说明，客户年收入应如实填写。年收入指每年的稳定收入，以“万元/年”为单位。

（9）联系地址与联系电话。

①联系地址：城市地址：详细填写市、区、路、号、栋、室；农村地址：详细填写县、镇、村、组、户；邮编：四级六位制。

②联系电话：工作时间可联系客户的电话（包括办公电话、住宅电话、移动电话等）。至少留有一个可供联系的电话。

③电子邮箱：鼓励客户提供移动电话和E－mail的地址，以便后续服务。

3. 审核保障计划的具体规定。

（1）合同生效时间：

①何时成立？ 答：承保时。

②何时生效？ 答：缴纳首期保险费；按约定时间生效时。

③何时承担保险责任？ 答：合同约定为准。（等待期不承担保险责任）

（2）保障名称和代码。正确填写投保险种的全称和产品代码。一个被保险人投保多个险种时，逐一填写，且注意险种与被保险人姓名一一对应。

（3）保额/档次。保额以“万”为单位填写，如在“保额/档次”栏目内填写“10 万”；“三档”按照投保险种的定义填写相应的保险期间，如 1 年、20 年、至 22 周岁、至 100 周岁、终身等。

（4）缴费年期。按照投保险种填写相应的缴费年期，如 1 年、20 年、30 年等，趸缴的缴费年期为空。

（5）缴费频次。可选择填写年缴和趸缴。

（6）期缴保费与期缴保费总额。期缴保费是指产品在每个缴费年期内的收费，期缴保费总额是指所有被保险人所有投保险种在每个缴费年期内的保费总和（首期保费）。

4. 被保险人告知书：

（1）被保险人如实回答，不得涂改和漏项。如不如实填写，公司有权拒赔。

（2）选择“是”的，请按照告知项目在说明栏进一步详细告知。

（3）如客户想保存相关病史资料的，建议其提供复印件。

**知识链接**

1. 影响死亡率的因素有很多，通常，设计生命表时考虑的主要因素是年龄和性别。

2. 16 周岁以上（含 16 周岁）不满 18 周岁的公民，以自己的劳动收入为主要生活来源的，视为具有完全民事行为能力，可以作为投保人为自己投保。

3. 投保人指定受益人时须经被保险人同意。

4. 为未成年人投保需法定监护人签署其本人姓名。

5. 人身保险合同中，由被保险人或投保人指定享有保险金请求权的人是被保险人。

6. 人身保险在订立保险合同时，投保人对被保险人必须具有保险利益。

7. 在人身保险合同中，有关涉及受益人变更的事项要经被保险人同意。

如表 3－1－1 为个人投保单，要求客户自己填写，业务人员或承保人员指导填写。

**表 3－1－1　　人身保险投保单**

投保须知　　保单编号：

1. 本投保单为保险合同的重要组成部分，在填写投保单前，请您认真阅读所投保险品种的产品说明书和保险条款，在确认已充分理解保险责任、责任免除、保障范围、退保等条款后，再作出投保决定。并根据您的实际情况选择适合的保险金额和保险期间。
2. 投保人、被保险人在投保时，应对投保单、与投保单有关的各份问卷、客户体检健康告知书的各项内容如实详细完整地予以告知并填写清楚，所有告知事项以书面告知为准，如投保人未履行如实告知义务，足以影响本公司决定是否同意承保或提高保险费率的，本公司有权依法解除保险合同。
3. 您的投保申请需经本公司审核通过并签发正式保险合同后才生效。本公司在审核过程中，会根据实际情况决定是否安排您体检，或要求您进一步补充提供材料，并根据审核情况，决定是否要求提高保险费、附加免责条款或拒绝承保。
4. 投保单必须由投保人亲笔签名，如果您选择的是以身故为给付保险金条件的保险合同，须经被保险人书面同意并认可保险金额；但父母或监护人为未成年被保险人投保的人身保险不受此限制。
5. 所有一年期及以上的意外险产品附加在寿险主合同之后，仍需投保人缴付续期保险费以示续保，本公司同意该续保并已收取续期保险费的，则该保险合同将延续有效，如果您因选择分期缴纳保险费但无法持续缴费，则可能导致保险合同效力中止。
6. 未成年被保险人的累计身故保险金金额以中国保险监督管理委员会的有关规定为最高限额。

A. 被保险人

| | | | |
|---|---|---|---|
| 姓名： | 出生日期：　年　月 | 性别：☑男　☐女 | 年龄： |
| 证件类型：☑身份证　☐护照　☐其他 | 证件号码 | | |
| 工作单位： | 职业： | 工作内容： | 职业代码：23506 |
| 单位地址： | | 邮编： | |
| 家庭地址： | | 邮编： | |
| 固定电话： | 移动电话： | E－mail： | |

B. 投保人（若投保人与被保险人为同一人，则免填此栏）

| | | | |
|---|---|---|---|
| 姓名： | 出生日期：　年　月　日 | 性别：☑男　☐女 | 与被保险人关系： |
| 证件类型：☑身份证　☐护照　☐其他 | 证件号码 | | |
| 工作单位： | | | |
| 地址： | | 邮编： | |
| 固定电话： | 移动电话： | E－mail： | |
| 文件寄往 | 地址： | 邮编： | |

C. 身故保险金受益人（如果有多位受益人，公司按受益份额进行分配。若无特别指定，受益人按相等份额享有受益权）

| 姓名 | 身份证件号码 | 与被保险人关系 | 年龄 | 受益份额 |
|---|---|---|---|---|
| | | | | |
| | | | | |

D. 保险项目（币值单位：人民币元）

1. 主险

| | | |
|---|---|---|
| 险种名称： | 交费期限： | 保险金额： |
| 开始领取年金的年龄（若为非年金保险，则免填此栏）： | | |

2. 附加险（请在所选择的险种名称前打"√"并注明保障年限）

| 险种名称 | 保险金额 | 险种名称 | 保险金额 |
|---|---|---|---|
| | | | |
| | | | |
| | | | |

3. 保险费

| | |
|---|---|
| 缴费方式：□趸缴 ☑年缴 □半年缴 □季缴<br>□月缴 | 初算首期保险费合计： |

E. 保险费缴付

| | |
|---|---|
| 账户姓名（必须为投保人）： | 账号： |
| 银行名称：□中国银行（活期存折或借记卡） □交通银行（借记卡或准贷记卡）<br>☑工商银行（活期存折） □招商银行（借记卡） | |

保险费自动转账付款授权声明

一、投保人同意授权银行从本人上述授权账户中向天安人寿保险有限公司（以下简称天安）支付本保险合同的各期保险费。

二、投保人同意从授权账户中支付保险费优先于其他任何用途的支付。

三、若投保人因受权银行自动转账金额与应缴保险费金额不符或对保险费计算有异议时，应自行向天安咨询。

四、投保人同意若授权账户内无足够资金余额支付保险费时，受权银行有权决定不予转账。投保人应于保险合同规定的宽限期内将足额保险费存于此账户中。

五、投保人若在同一授权账户内同时授权转账两份或两份以上保险合同的保险费时，投保人同意依照天安规定的转账顺序转账。

六、投保人欲终止使用授权账户支付保险费时，应于当期保险费应付日一个月前向天安递交终止授权申请，由天安转告受权银行停止转账，但投保人仍负有以其他方式支付保险费的义务。

七、本授权声明将持续有效直至出现以下情况之一时效力终止：

（1）投保人申请终止授权 （2）授权账户终止 （3）保险合同效力终止

F. 告知事项

提示：若投保人与被保险人为同一人，或无投保人豁免保险费的保障计划，则免填投保人栏。若回答"是"，请在表格备注栏中提供详情。

| | 被保险人 | 投保人 |
|---|---|---|
| 1. 您是否拥有公费医疗、社会医疗保险和其他费用补偿型医疗保险？ | ☑是 □否 | □是 □否 |
| 2. 您是否有其他已生效或尚在申请核保中的保险合同？<br>如是，请详述公司名称________、保险金额________、<br>投保时间________ | □是 ☑否 | □是 □否 |
| 3. 您所申请的保险合同是否曾被拒保、延期、加费或附加免责条款？<br>若是，请详述________ | □是 ☑否 | □是 □否 |
| 4. 您是否曾向任何保险公司提出索赔申请？<br>若是，请详述________ | □是 ☑否 | □是 □否 |
| 5. 您是否每年搭乘飞机在250小时以上？ | □是 ☑否 | □是 □否 |
| 6. 您是否以摩托车为工作必需的交通工具？ | □是 ☑否 | □是 □否 |
| 7. 您是否计划参加或拟参加以下高度危险运动或活动？（如：携带氧气瓶的潜水或登山、滑水、驾驶飞行器具、跳伞、马术、特技表演、蹦极跳、车辆竞赛或其他项目/活动）<br>若是，请详述________ | □是 ☑否 | □是 □否 |
| 8. 您是否曾在国外逗留超过三个月或正拟往国外？<br>若是，请详述国家名称________、逗留原因________ | □是 ☑否 | □是 □否 |
| 9. 您去年全年收入（包括基本工资和奖金）：人民币约________元 | | |

G. 健康细则

提示：若无《儿童寿险保险费豁免保险》保障计划，则免填投保人栏。

若为体检件，则无需填写此部分；若第5项至第9项回答“是”，请在表格备注栏中提供详情。

| | | |
|---|---|---|
| 1. 您目前的体重和身高？ | | |
| 被保险人：身高 170 厘米 体重 75 公斤<br>投 保 人：身高 170 厘米 体重 75 公斤 | | |
| | 被保险人 | 投保人 |
| 2. 在过去的一年中，您的体重改变超过5公斤吗？<br>若是，增加还是减轻？______，原因是______ | ☐是 ☑否 | ☐是 ☐否 |
| 3. 您最近五年是否曾接受： | | |
| a. X光、CT、核磁共振、心电图、病理检查、血液、超声波、内窥镜、血管造影等检查？<br>若是，检查名称是______，结果是______ | ☐是 ☑否 | ☐是 ☐否 |
| b. 住院或手术治疗？<br>若是，请详述住院或手术时间____、何种疾病____、目前情况____ | ☐是 ☑否 | ☐是 ☐否 |
| 4. 您是否现在或者曾经吸烟？ 若是，已吸烟___年，___支/天 | ☐是 ☑否 | ☐是 ☐否 |
| 5. 您是否现在或者曾经饮酒？ 若是，已饮酒___年，种类为___，___毫升/周 | ☐是 ☑否 | ☐是 ☐否 |
| 6. 您是否有下列身体残障状况？ | | |
| a. 四肢、五官、手指、足趾缺损 | ☐是 ☑否 | ☐是 ☐否 |
| b. 视力、听力或中枢神经系统障碍 | ☐是 ☑否 | ☐是 ☐否 |
| c. 脊柱、胸廓、四肢或手指、足趾畸形、跛行、脊髓灰质炎所致的缺陷或其他缺陷 | ☐是 ☑否 | ☐是 ☐否 |
| | 被保险人 | 投保人 |
| 7. 您是否曾患有或被告知患有下列症状、体征或疾病，若是，请圈出下列具体名称： | | |
| a. 反复头痛、头晕、晕厥、胸闷、胸痛、心悸、气急、紫绀、吞咽困难、咯血、腹痛、颈肩痛、腰腿痛、四肢麻木、肌肉萎缩/痉挛、肝区疼痛、淋巴结肿大、腹部肿块、便血、血尿、蛋白尿、多尿、不明原因皮下出血、浮肿、肿块、发热？ | ☐是 ☑否 | ☐是 ☐否 |
| b. 高血压病、冠心病、心肌梗塞、心律失常、心肌炎、风湿性心脏病、先天性心脏病、肺原性心脏病、心肌病、心脏瓣膜疾病（狭窄、闭锁不全、畸形）、心包炎、心内膜炎、主动脉血管瘤、下肢静脉曲张或其他循环系统疾病？ | ☐是 ☑否 | ☐是 ☐否 |
| c. 慢性支气管炎、结核、哮喘、支气管扩张、肺气肿、肺脓肿、肺栓塞、尘肺、矽肺、肺间质病变或肺纤维化、气胸、胸腔积液、胸膜炎或其他呼吸系统疾病？ | ☐是 ☑否 | ☐是 ☐否 |
| d. 肝炎病毒携带者、肝炎、肝硬化、肝功能异常、黄疸、脂肪肝、肝脓肿、肝内结石、肝血管瘤、肝脾肿大、胆结石、胆囊炎、胆囊息肉、胆管炎、慢性胃炎、消化道溃疡/出血/穿孔、胰腺炎、结肠炎、慢性阑尾炎、肠结核、克隆病肠梗阻、疝、痔疮及肛周疾病或其他消化系统疾病？ | ☐是 ☑否 | ☐是 ☐否 |
| e. 肾炎、肾病综合症、肾功能异常、肾衰竭、尿毒症、肾结石、肾囊肿、多囊肾、肾下垂、尿路结石、尿路畸形、膀胱挫伤或其他泌尿系统疾病？ | ☐是 ☑否 | ☐是 ☐否 |
| f. 前列腺肥大、前列腺炎、精索静脉曲张、睾丸病变等男性生殖系统疾病？ | ☐是 ☑否 | ☐是 ☐否 |
| g. 糖尿病、甲状腺或甲状旁腺疾病、垂体功能亢进或减退、肾上腺功能亢进或减退、痛风、肢端肥大症或其他内分泌系统疾病？ | ☐是 ☑否 | ☐是 ☐否 |
| h. 各类贫血、血友病、白血病、紫癜、淋巴瘤、脾肿大、脾机能亢进或其他血液系统疾病？ | ☐是 ☑否 | ☐是 ☐否 |

| | | | | |
|---|---|---|---|---|
| i. 风湿热、风湿性关节炎、类风湿性关节炎、红斑狼疮、硬皮病或其他结缔组织疾病? | □是 | ☑否 | □是 | □否 |
| j. 脑溢血、脑梗塞、脑炎、脑膜炎、脑积水、脑血管畸形、脑动脉血管瘤、短暂性脑缺血、脑供血不足、颅脑外伤? | □是 | ☑否 | □是 | □否 |
| k. 癫痫、重症肌无力、多发性硬化症、帕金森综合症、脊髓灰质炎、眩晕症、运动神经元疾病或其他神经系统疾病? | □是 | ☑否 | □是 | □否 |
| l. 骨折、骨关节病变、骨质增生、退行性病变、坐骨神经痛、椎间盘突出症、颈椎病或其他骨骼肌肉系统疾病? | □是 | ☑否 | □是 | □否 |
| m. 失明、白内障、青光眼、视网膜病变、视神经病变、高度近视（八百度以上）、角膜疾病、虹膜睫状体炎、失聪、中耳炎、神经性耳聋、美尼尔氏症、鼻窦炎、鼻息肉、鼻中隔弯曲、声带息肉、声带结节、慢性扁桃腺炎或其他眼、耳、鼻、喉疾病? | □是 | ☑否 | □是 | □否 |
| n. 证实或尚未证实的良性或恶性肿瘤、囊肿、息肉、赘生物、血管瘤? | □是 | ☑否 | □是 | □否 |
| o. 其他疾病（性病、精神疾病、抑郁症、酒精或药物滥用成瘾、先天性疾病、遗传性疾病、先天性畸形或缺陷）或上述未曾提及之不正常情况或疾病? | □是 | ☑否 | □是 | □否 |
| 8. 您或您的配偶是否曾接受或试图接受与艾滋病有关的检验或治疗? | □是 | ☑否 | □是 | □否 |
| 9. 您或您的配偶是否曾在过去的六个月内持续一周以上出现下列症状：体重下降、食欲不振、盗汗、腹泻、淋巴结肿大及皮肤溃疡? | □是 | ☑否 | □是 | □否 |
| 10. 您的家属是否曾患或正患有高血压、肾病、心脏病、肝肾囊肿、肝硬化、糖尿病、精神病、白血病、结核病、多发性硬化症、赘生物、癌症或曾被诊断为乙型肝炎或乙肝病毒携带者?<br>若是，哪位亲属________，疾病名称是____________________ | □是 | ☑否 | □是 | □否 |
| 11. 您的直系亲属中是否有 60 岁前去世的?<br>若是，哪位亲属________，去世原因是____________________ | □是 | ☑否 | □是 | □否 |
| 12. 妇女适用： | | | | |
| a. 是否曾患有乳房疾病、子宫颈涂片检查发现有异常情况、子宫内膜异位症、阴道异常出血、盆腔炎症、异位妊娠、妊娠并发症、子宫肌瘤及其他生殖系统疾病? | □是 | ☑否 | □是 | □否 |
| b. 现在是否怀孕? 若是，已怀孕______周 | □是 | ☑否 | □是 | □否 |

H. 投保人及被保险人声明与授权

1）本人声明本投保单签名确为本人签署，由于投保人或被保险人栏下的代签名所引起的一切后果由本人承担。
2）本投保单的各项声明与陈述均明确无误。若不属实，贵公司有权依法解除保险合同。
3）本人知晓所有保险责任均以本合同所载为准，除由贵公司经正式程序修改或批注的内容外，其他任何人的口头及书面陈述、报告或合约，贵公司均无需负责。
4）本人接受贵公司签发的保险合同及任何经本人签署的文件，均视为正式合同的一部分，并具有相应的法律效力。
5）本人在此授权贵公司从各种渠道收集与本保险申请有关的任何本人的个人资料，并同意贵公司持有、使用个人资料或将其用作于处理本人保险合同、审核与保险产品及服务有关的申请，同时授权贵公司将该个人资料提供及披露予与贵公司有关联的个人或组织或任何被选择的境内外的第三方，以便于处理本保险申请及提供有关售后服务及其他金融产品和服务，进行直接促销及资料处理，并为上述目的与本人联系。上述所指的个人或组织或第三方包括但不限于贵公司在境内外的关联公司、集团、及其附属公司、司法部门、政府机构、再保险公司、保险公估机构、金融机构、律师、审计师、法律、财务服务机构、有关的行业协会等。
6）本人有权向贵公司查阅更正本人的所有个人资料，该申请可在贵公司客户服务部办理。
7）本人授权任何持有执照的医生、医院、诊所、保险公司、个人、组织或机构，有权将投保人或被保险人既往任何相关记录与资料向贵公司出示，资料之影印本经提供单位盖章确认后，与正本同样有效。
8）本人已知晓：如本人所申请保障额度超过贵公司规定之上限，贵公司只负责无息退还多缴之保险费。
9）本人同意在投保单上载明的通讯地址作为保险合同约定的通讯地址。
10）本人已知晓：即使本人已缴付部分或全部保险费，本合同也并不必然生效；只有在贵公司同意承保，本合同才生效；生效日以保险单所载日期为准。

I. 投保人确认栏

| |
|---|
| 投保人抄录下列语句：<br>“本人已阅读保险条款、产品说明书和投保提示书，了解本产品的特点和保单利益的不确定性，愿意承担相关风险”。<br><br>（此处由投保人亲笔抄录） |

请您确认投保单中所有内容填写完整并亲笔签名。

| | |
|---|---|
| 被保险人签名＿＿＿＿＿＿＿＿ | 营销员签名＿＿＿＿＿＿＿＿ |
| 投保人签名＿＿＿＿＿＿＿＿ | 营销员电话＿＿＿＿＿＿＿＿ |
| 签署地　北京市＿＿＿＿＿＿ | 营销员编号＿＿＿＿＿＿＿＿ |
| 签署日期＿＿＿＿＿＿＿＿ | |

**知识链接**

1. 人身保险的保险标的是人的身体和寿命。

2. 人身保险按投保风险分类，分为人寿保险、健康保险、意外伤害保险；人寿保险又包括：生存保险（又称为养老保险）、死亡保险、生死两全保险；健康保险又包括：疾病保险、生育保险、医疗保险。

3. 人身意外伤害保险所承保的“意外伤害”应当具备的条件包括非本意的、外来的和突然的。

## 步骤二　核　　保

人寿保险的承保业务包括：业务员核保、体检医师核保、核保人的审查与核保、生存调查几个方面。

### （一）业务员核保

1. 保险代理人、业务员通过上门服务，与投保人、被保险人面晤，进行初步核保，并了解公司所需的核保信息，包括以下内容：

图 3-1-3

业务员在人寿保险的核保中称为第一次风险选择，由于业务员在新业务招揽过程中直接或间接与客户接触，对客户的职业、既往病史、家庭资料、生活方式、投保动机以及契约上的重要事项了解最清楚。对于免检体格的保险业务，业务员对客户的第一次选择几乎代表了核保的全过程。对体检的保险业务，业务员为保险公司核保人员提供第一手核保资料，为以后的核保打下基础，因此业务员的选择在寿险核保中扮演着重要的角色。

2. 业务员指导客户填写投保单应注意：

指点投保人填写投保单，用黑色水笔填写，字迹清楚，不得涂改，规定填写项目不得遗漏。明确健康告知书及声明书由被保险人填写，并由投保人或被保险人亲笔签名，儿童由其法定监护人代为签名。

### （二）体检医师核保

体检医师核保又称义务选择，由体检医师运用医学知识及技术，并结合保险知识对被保险人的健康状况进行评估、筛选、分类、为确定被保险人的死亡率提供最具有价值的资料。寿险公司一般通过签订特约协议建立自己的定点特约医院，有条件的寿险公司根据自身业务情况设立医务室，对被保险人进行体检。

【温馨提示】

但从节约成本的角度考虑，要求所有的投保者全部进行医务体检不是经济的，因此保险公司往往依据投保者的年龄和保额将所有的保件分为体检件与免体检件，且体检项目也随年龄和保额的增大而相应增多。

体检医师要查验受检者的身份，听取被保险人的告知，引导其如实告知现症、既往症和家族病史，并按检验项目详细检查，依次做出健康评价，填写检验结果，作为体检报告，提出核保建议。

### （三）核保人的审查与核保

核保人员审查主要是确定资料是否齐全，是否符合保险公司的投保规则，投保单填写是否翔实、准确，要特别注意客户有无亲笔签名。通过投保申请书以及业务员报告书、体检报告书及各种告知、声明书及调查报告，决定是否承保以及确定承保条件。了解投保人的基本情况，如年龄、职业、性别、体格、各种病史等。

1. 健康风险核保。审核健康风险的资料来源：投保书中的告知事项、体检报告、被保险人提供的既往病史和体检资料、各种健康疾病补充问卷、契调报告。

（1）健康风险因素的审核要点：年龄、性别、体格、体征、既往病史、现病史、个人史、家族史。

（2）常见的拒保延期疾病或某种特定的身体状况，如多囊肾；35 周岁以上孕妇；妊娠合并并发症；脑梗死；脑出血；癫痫；精神分裂症；不明原因的甲状腺肿；胰腺炎现症或复发性胰腺炎合并饮酒者；3 级高血压、恶性高血压或高血压合并有心、肾、脑部并发症者。

2. 职业风险的核保。被保险人从事高风险职业会带来额外死亡和疾病风险。职业风险因素的审核要点：审核时需要了解具体职业工种（对于模糊的职业名称，如董事、经理、督导等要进一步了解情况）、职业经历、从事现职业的时间、有无兼职、更换工作频率等；从事两种以上危险职业者，应以危险程度较高的职业确定其职业风险。

3. 特殊情况的核保。对以前参加过保险的人，向其参保的公司询问其投保历史，尤其是有无不良投保记录；对投保金额巨大、告知声明遗漏或核保人员认为有疑问的保件，有必要做进一步的资料收集。一般对健康状况有疑点的可以要求被保险人做体检，以获得进一步的健康资料。

有时核保人员认为被保险人的体检资料尚不足以评估风险而需要了解被保险人的既往病史时，可到被保险人曾就诊的医院调阅有关的病历报告，或使用有关的特殊疾病问卷或补充告知声明。对财务收入状况有疑点的可委托专人调查，以确保保额的适当。

核保人员核定风险程度，划归不同的风险等级，确定承保条件。一般的保件经过核保会归入以下四类：

（1）标准件：客户的身体状况不影响死亡率，或者他的死亡率虽然较高但只要其死亡率不高于同龄的40%，仍属于标准件的范围。

（2）次标准件：对于死亡率超过其同年龄死亡率40%的客户，则载定为次标准件，并划分为不同等级。

（3）延保件：当客户的资料不够完整，或需要进一步治疗，保险公司会暂不承保，待有足够资料与治疗结果后，再作决定。

（4）拒保件：如果客户的风险程度超过正常标准很多，会影响其他客户理赔的公平性，保险公司会拒绝承保。

**知识链接**

保险公司承保的核心环节是核保，是保险公司做第一次风险筛查，以防止客户的逆选择和道德风险。特别在健康保险实务中，保险人对初次投保健康保险的被保险人都要规定一个等待期（或观察期），则保险人做出这种规定的合理依据是推定被保险人在观察期内的患病为投保之前就存在的。

在寿险核保中，由于优质风险类别的人不仅身体健康，且有良好的家族健康史、无吸烟、酗酒等不良嗜好，保险人对他们所采取的承保方式按照标准费率承保。

影响死亡率的因素有很多，通常设计生命表时考虑的主要因素是年龄和性别。

### （四）生存调查

寿险合同经过业务人员选择、体检医师选择和核保人员选择后虽已成立，但风险选择的过程并未结束，保险人为进一步了解客户的投保动机、生活情况及健康状况，排除了道德风险及逆选择的投保人加入被保险人集团，有必要对生存中的被保险人实施追踪调查。生存调查一般由寿险公司的行政编制调查人员或招揽此保件的业务人员，甚至可委托无任何利害关系的调研公司的专业调查人员，对已呈报或尚在核保中的保件予以适当评估，了解风险选择的过程或结果是否适当。因此，生存调查又称为第四次风险选择。

（1）按调查时间：生存调查分为事前调查和事后调查。如果单从避免逆选择、排除道德风险的角度出发，对于全部投保做事前调查是最理想的，但受时间和费用的约束，实际操作比较难。一般只对投保金额较高、健康状况有疑点的投保件实施此类调查。事后调查的目的是排除已承保的不良保件。若发现有疑问或核保结论不正确，可对已成立的保险合同作相应的处理。

（2）按调查方式分：生存调查分为直接调查和间接调查。直接调查是直接面见投保人和被保险人进行调查，了解其健康和经济状况是否符合投保条件的要求。这种方法简捷经济，但可靠性差。间接调查是和生活中与投保人、被保险人有接触的人交谈，侧面了解投保人、被保险人的情况。这种方法客观有效，但耗时、费力、成本高。因此决定采用何种方法进行调查，一般要综合考虑风险的性质、业务人员的素质、市场占有率以及平均保额与数量等因素。

生存调查后发现投保单、健康告知声明、业务员报告书和体检报告书上有疏忽、遗漏的地方，需要再作认真查证，然后视具体情况作适当的处理。如果是投保人或被保险人故意不告知，而且足以降低核保人对其风险的评估，在合同成立前发现的，保险人不予承保。在合同成立后发现的，保险人可以解除合同。如果是业务员、体检医师或核保人的过失或疏忽，保险人可以通过变更承保条件，使合同继续有效。

经过上述四次风险选择，对符合保险公司承保条件的，保险人按正常费率承保；对次健体的保险标的，按年龄增加法、保险金消减法或附加保费法承保，签发保险单，收取保险费。

【温馨提示】

撰写生调报告用词要求：

1. 如实陈述。
2. 重要问题要记录客户的原话。
3. 名称术语要规范。
4. 杜绝模棱两可的词句。
5. 杜绝使用第一人称。
6. 语言简练、言简意赅。
7. 思路清晰。

例如：被保人从直观上看，身体健康，并拥有固定合法收入来源。年收入金额与我公司投保的保险金额相匹配。据此分析，应无相应风险存在，可以承保。

**练一练**

比较两段生调报告哪个更合适？

1. “据被保险人介绍：被保险人身体很好，从来没有生病住院过。”
2. “据生调人员观察：被保人身体健壮、面色红润、声音宏亮有力，身体比较健康。”

## 步骤三 缮制保单及归档

### （一）缮制单证的程序

图 3-1-4

1. 缮制保险单证规定。要求和注意事项如下：根据投保单和被保险人清单缮制保险单正副本三份。

签发保险单（证）要项目完整、清楚，不能任意涂改。差错的地方要按规定改动。签发保险单号码应填写在投保单和被保险人清单上。

单位代投保，由个人付款的，应缮制个人保险凭证，由投保单位转发给每一被保险人，作为参加该保险的凭证。如果是单位缴纳保险费的，不签发保险凭证给被保险人。

缮制保费收据，收取保险费后，缮制人身保险费收据一式三联。在签发好的单证上加盖经办人员章。

2. 复核。复核人员要注意以下几点：复核人员对签发的单证、保费收据等在投保单核对无误后，分别加盖复核章；如发现差错，即退还给签单员更正，加盖校对章和私人章；最后在复核好的单证上加盖公司业务专用章。

例如：投保人为大大蘑菇（虚构），被保险人为小小蘑菇，录入保单如下信息：

图 3－1－5

核保为如下信息：

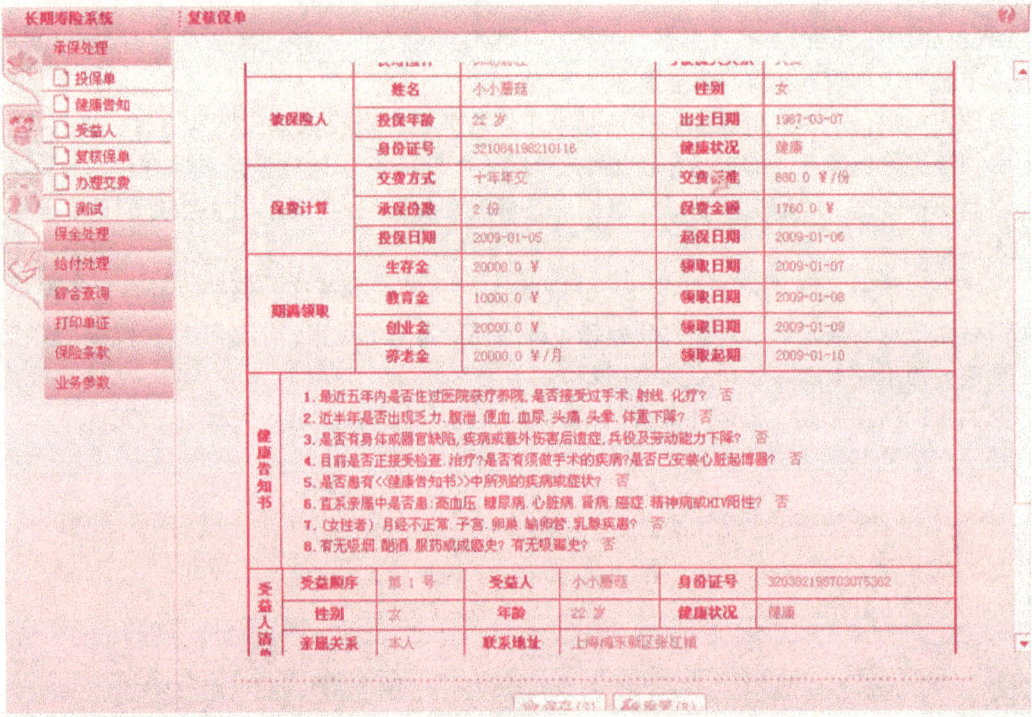


图 3－1－6

交费如下信息：

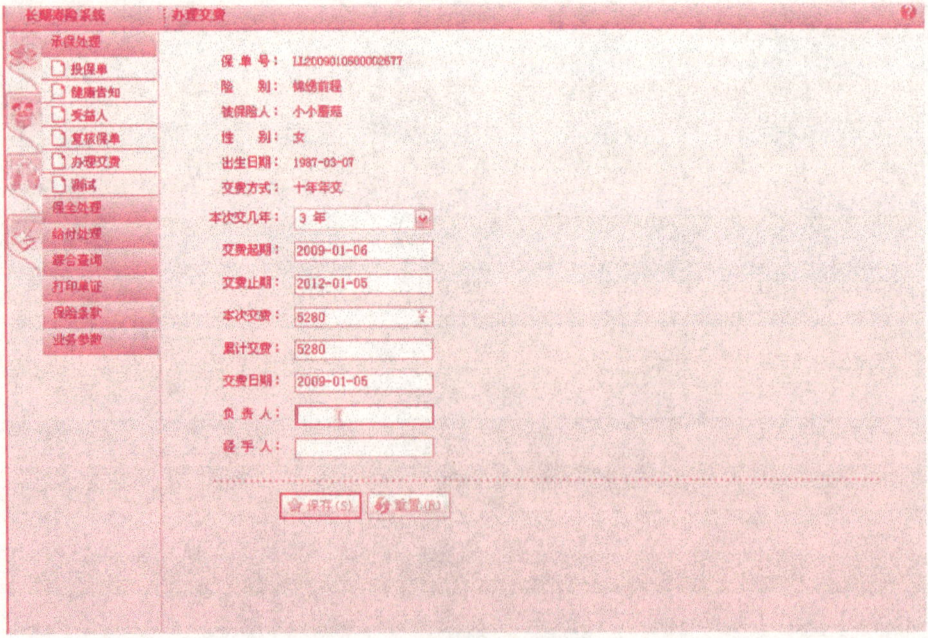


图 3－1－7

打印如下信息：

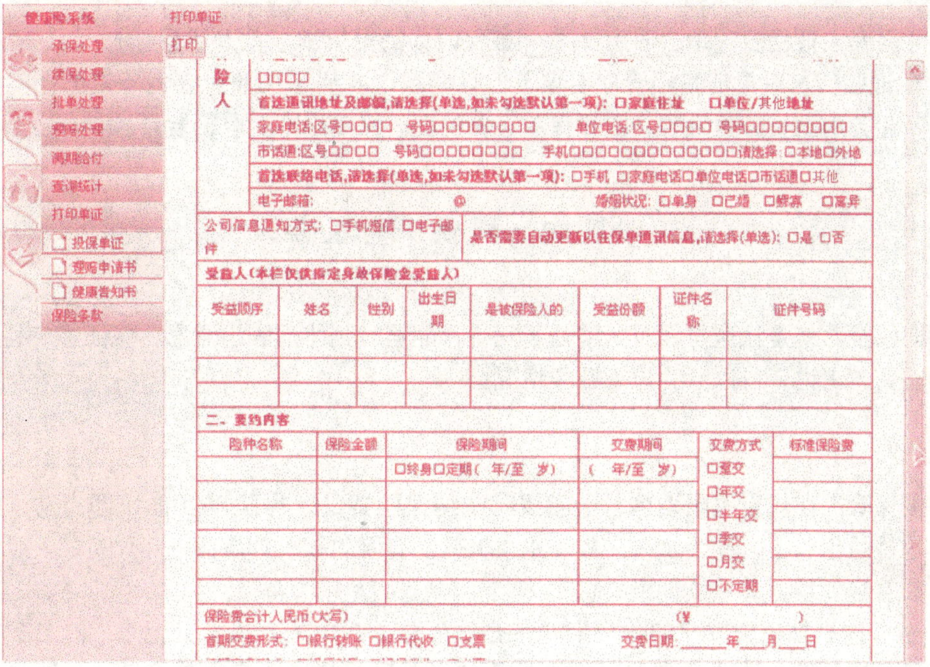


**图 3－1－8**

## （二）单证流转

单证流转程序：

**图 3－1－9**

经办人员将保险单（证）正本和保费收据正本交给外勤签收发送投保人存执，属团体业务的，被保险人清单应分别黏贴在保险单正副本上。

1. 单证清分。每日业务终了，应将保险单副本顺序号理齐，根据业务情况分别汇总，做保费日结汇总表一式三份，现金付款与非现金付款的汇总表分别做。在汇总表上要填写保证单号码、保额保费数及投保人等。保费日结汇总表要经复核后送交财务部。

财务人员应注意属于非现金付款的要核对银行往来账目、落实保费是否已划入公司账户、划入的保险费是否与收据副本相符、注意日结汇总表上的日期是否与送达日期一致，经核对后，财务人员分别在保险单及其他单据上加盖有日期。

统计人员做好统计工作后，分别在各单证上签章，留下统计凭证，将其余单证及保险单副本通过接受手续，退还业务内勤。

登录开销户登记簿，开销户登记簿起着控制保险单（证）使用和存量的作用，也记录着被保险人在保险有效期的变动处理、批改以及期满给付等情况，所以必须认真填写并定期进行检查。凡作废的保险单（证），都要剪下单证号码，黏贴在开销户登记簿上，作为销户的凭证。

业务经办人根据保险单（证）副本和被保险人清单填制汇总卡及分户卡。

2. 单证归档。对单证归档管理要求及保存期限，要严格按照总公司下发的档案管理要求办理。业务内勤应分为险种，按投保单、保险证、保单副本、收据装订。

## 步骤四 提供保全服务

所谓保全，就是让这份保单始终处于完备，能够时刻体现客户意愿，保证客户利益的一种行为。具体来说，可以分为以下几类情况：

### （一）失效变动处理

如被保险人在规定宽限期内，未能按时缴纳保险费的，保险单（证）即自动失效。失效时间超过两年以上，属于永久失效。永久失效没有复效权。如缴满一年保费的，可做退保处理。失效户处理，其手续如下：

1. 业务内勤抽出失效户的分户卡，在有效汇总上找出失效人、分记录，减去其所交付的保险费，然后将失效的分户卡另放入失效户卡箱里，在失效户汇总卡上记录新失效卡的人、份数等。

2. 失效时间超过两年，如有退保金的保户，可作退保处理。

3. 保险公司对在两年有效期内的失效户，填发失效通知书争取复效。

### （二）复效

保险单失效不足两年（从未交保费的当月算起），可以申请复效。之所以规定为两年，是因为一方面拖欠保费时间过长，投保人或被保险人一次性补交拖欠的保险费有困难；另一方面也增加了保险公司业务管理上的困难。因此一般保险复效请求权都是保留两年。复效时应将过期没有缴付的保险费一次补交清，流程如下：

1. 申请复效。复效申请人到保险公司填写复效申请书一份。申请书上要填明：投保险种的名称、被保险人姓名、保险单（证）号码以及缴费标准及停缴保费时间等。

2. 审核。外勤人员对复效户必须经过健康了解，视同新保一样，进行对被保险人的健康与复效原因的调查，必须时，要求保户提供健康证明。对符合复效条件的，才能办理复效手续，对不能复效的保户做好解释工作。

3. 复效处理手续如下：

（1）计收利息。被保险人复效时，应向保险公司缴付失效期间的保险费和利息。应交利息按同期银行存款月利率计收，不足一个月的按一个月计算。

（2）缮制人身保险复效补交利息收据一式三联。

（3）缮制批单一份，批语：“被保险人×××所持×××号保险证，自×年×月×日起复效。此批，签章。”

(4) 经办人员从失效中抽出原分户卡，补计补缴的各月保险费（利息不计），在失效汇总卡中作相应记录，将复效后的分户卡放回原汇总卡箱内。

(5) 复审，复效申请书、复效补缴利息收据、批单及汇总卡和分户卡等，均须复核人员复核后交财会部门。

(6) 财务人员收取补缴的保费和利息后，在收据及账卡上签章。收据本交给保户存执，副本作为入账依据，账卡及批单等交业务内勤。

(7) 业务内勤分户卡按原顺序号放回有效户卡箱内。在开销户登记簿上做复效记录。复效申请书黏贴在投保单上，批单黏贴在保险单（证）副本上，加盖骑缝章。

### （三）退保

流程如下：

1. 申请退保。由于各种原因需要办理退保业务，投保人或被保险人须携带保险单（证）、身份证、缴费凭证等到保险公司办理退保。退保人填写退保申请书一份，申请书上写明：保险单号码、保险种类、起保日期、交费标准、最后交费时间和交费总金额等，申请人注意签名盖章。

2. 审核。外勤人员在审核申请书时，凡是给付保险金的被保险人不能办理退保。

#### 案例分享

退保处理其手续如下：

1. 填写退保申请书。经办人员接到保险单、身份证明后，抽出汇总卡、分户卡，核对被保险人缴费情况，依照条款列明的退保金额表，计算出退保金，并填写在退保申请书上。

2. 缮制退保批单两份。批单批语为：根据投保人申请，并经本公司同意，××××号保险单中的被保险××××因……，自×××年××月××日起保险责任终止。此批签章。

3. 缮制退保领款收据一式两联。

4. 在保险单备注栏注明“××××年××月××日退保”在保费日结汇总表上，退保金额写红字，备注栏以“退保”字样盖章，以明示。

5. 复核。复核人员根据退保申请书，核对汇总卡和分户卡，以及退保金额与退保领款收据是否一致，核对无误后，加盖复核章，将保险单、汇总卡和分户卡、批单及退保申请书、领款单交财务部。

6. 财务人员支付退保金后，在领款收据及汇总卡、分户卡等上签章，领款收据正本交领款人收执，副本和批单各一联由财会部门自留，凭此入账，其余单据交业务内勤。

7. 内勤将批单一联黏贴在保险单副本上，退保申请书黏贴在投保单上，加盖骑缝章。在原汇总卡上做退保人、份数记录，退保人分户卡归退保户箱内存放。在开销户簿上作退保销户记录。最后内勤将注销的退保户保险单正副本及有关单证一并存档。

退保如下信息：

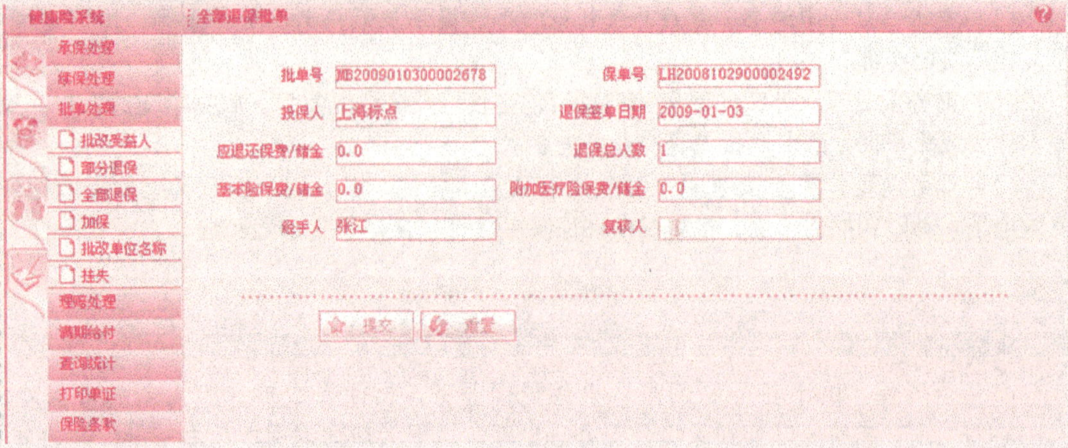


图 3-1-10

## （四）保险事项变更

被保险人在保险有效期内，要求对所持的保险单的保险责任、保险期限、缴费方式、受益人等项目进行变更时，应携带保险单及身份证和有关证明，到保险公司办理手续。

1. 申请变更。被保险人到保险公司填写变更申请书一份，申请书上要写明保险种类、保险单号码和需要变更的具体内容。对团体投保的被保险人变更收益人时，要请单位在变更书上签章，以免日后给付保险金时发生纠纷。

2. 审核。外勤业务人员接到变更申请书后，收回保险单，并负责以下几项工作：

（1）验明申请人身份。

（2）审查申请变更的事项是否符合有关条款和协议规定，对不具备变更条件的，如某些险种规定的保险年期、约定领取年龄不能变等，就不能办理变更手续。

（3）出批单。业务内勤对于符合变更条件和规定的保险单，根据变更的内容缮制变更批单一份，并在保险单的备注栏内做变更内容的批注。批单批语如下：被保险人××××，所持××××号保险单经本人申请，我公司审核，同意由原××××变更为××××。原保险单经批改后继续有效。此批。保险公司签章和注明日期。

（4）签章。复核人员对变更申请书、变更批单和保险单批语复核签章后，返还内勤。

（5）变更批单。业务内勤将保险单交保户按变更后的要求继续保险，变更批单黏贴在保险单副本上，变更申请书黏贴在投保单上。

（6）批改。存汇总卡、分户卡备注栏内做有关变更内容的批注，在开销户登记簿上做同样批改。

## （五）保险单的挂失与补发

1. 申请挂失补发。被保险人的保险单不慎遗失或污损，应携带身份证和污损的保险凭证到保险公司填写挂失补发申请书一份。挂失补发不能委托他人代办。申请书要填写原保险单号码、姓名、份数、起保日期、保险金额和补发原因等。

2. 审核。外勤人员接到挂失补发申请书后，验明有关证件，交业务内勤。

3. 挂失与补发的手续。内勤抽出原保险证副本，根据原保险证副本，填制补发的保险单副本一份（补发的保险单证副本编号必须与原单证编号一致），在备注栏内注明补发字样，经复核后，加盖签证人和复核人名章及保险公司业务专用章，交被保险人存执。补发保险单副本，要收工本费，会计上作“其他收入”入账。补发工作完成后，将挂失补发申请书附在投保单上，与原保单副本一起归档。在开销登记簿、分户卡等单证上备注栏内注明“补发副本”字样、补发日期和申请书号码。

凡被保险人办过挂失、补发过副本的，发生退保、伤残和死亡等，内勤均应以补发保险证副本为准。

挂失如下信息：

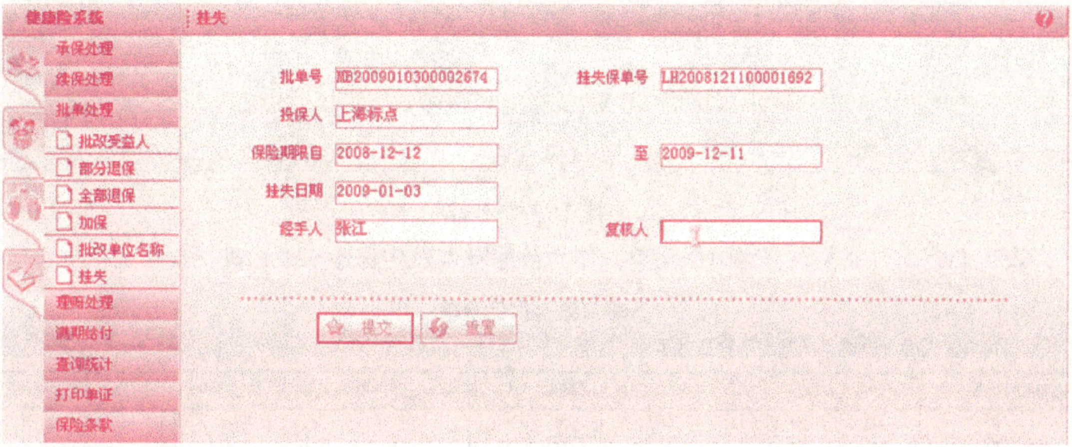


图 3-1-11

## （六）续保

续保是指一个保险合同即将期满时，投保人在原有保险合同的基础上向保险人提出续保申请，保险人根据投保人当时的实际情况，对原有合同条件稍加修改而继续对投保人签约承保的行为。

续保是以特定合同和特定的被保险人为对象的。合同签发后，并不意味着保险双方关系结束，保险人应该认真做好保单的售后服务工作，与被保险人保持经常性的联系，让被保险人真正体会到保险人的关怀，这既能提高保单的续保率，又能保持保险业务的稳定增长。

续保对保险人来说，可以稳定业务量，减少展业的工作量，降低保险营业费用；对投保人来说，及时续保，不仅可以获得持续不断的可靠的保险服务和保险保障，而且作为保险的老客户，还可以在体检、服务项目以及保险费率等方面得到优惠。因此，续保对保险双方均有利无弊。但是保险人在续保时必须注意以下几个问题：

1. 当被保险人提出续保申请时，保险人应及时审核保险标的，避免保险期的中断。

2. 如果保险标的的危险程度增加或减少了，保险人应对保险费率做出相应的调整。

3. 保险人应根据上一年的经营状况和赔付情况，适当调整承保条件和保险费率。

4. 保险人应考虑通货膨胀的因素，使续保后的保险金额与生活费用指数的变化相一致，使被保险人能获得充分的保障。

续保如下信息：

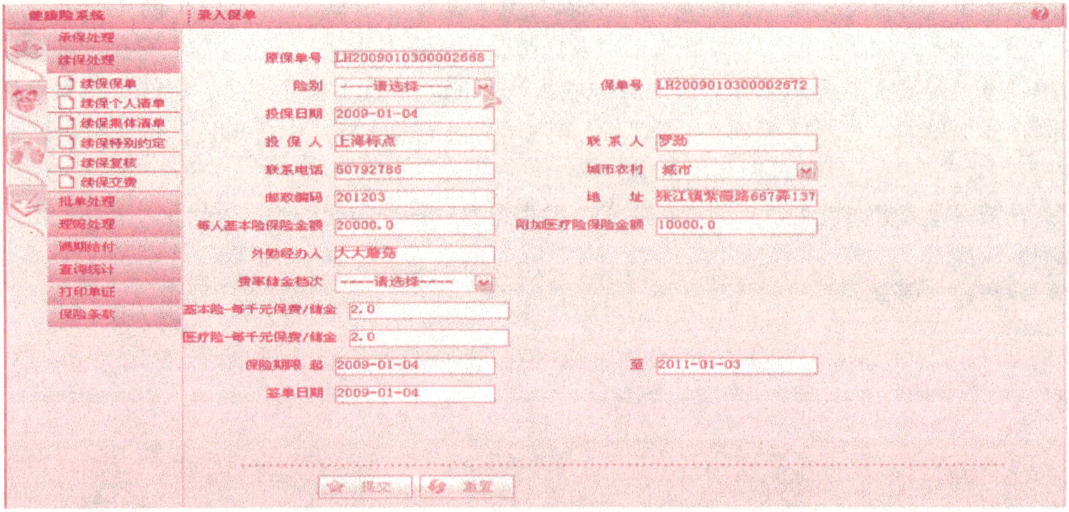


图 3－1－12

表 3－1－2 为个人人寿保险保险单，作为被保险人发生保险事故后进行理赔的依据。

**表 3－1－2　　　　人寿保险合同保险单**

本公司根据投保人申请，同意按下列条件承保。　　　　No：________

| | | | | | | | | |
|---|---|---|---|---|---|---|---|---|
| 保险单号码 | | | | 投保单号码 | | | | |
| 被投保人 | 姓名 | | 性别 | | 出生日期 | | 身份证号码 | |
| | 住所 | | | | | 邮编 | | |
| 投保人 | 姓名 | | 性别 | | 出生日期 | | 身份证号码 | |
| | 住所 | | | | | 邮编 | 与被保险人关系 | |
| 受益人 | 姓名 | | 性别 | | 身份证号码 | 住所 | 受益份额 | |
| | | | | | | | | |
| ＊如无指定受益人，则以法定继承人为受益人。<br>＊受益人为数人且未确定受益份额的，受益人按照相等份额享有受益权。 | | | | | | | | |
| 保险名称 | | | | | | | 保险金额 | |
| 保险项目（给付责任） | | | | | | | 保险金额 | |
| 保险期间 | | | | 保险责任起止时间 | | | | |
| 缴费期 | | 缴费方式 | | | 份数 | | | |
| 保险费 | | 加费 | | | 保险费合计 | | | |
| 生存给付领取年龄 | | | | | 领取方式 | | | |
| 特别约定 | | | | | | | | |

公司提示：保险合同由保险单、保险条款、声明、批注以及与合同有关的投保单、更改保单申请书、体检报告书及其他的约定书共同构成。在保险有效期内如发生保险事故，请按条款规定及时与我公司签单机构联系。

签单机构：________________________________

邮政编码：________________________________

电话：________________________________

公司地址：______________________________

公司签章：______________________________

授权签字业务员：________________________（签字）

出单员：________________________________（签字）

复核员：________________________________（签字）

签单日期：__________年__________月__________日

## 综合训练

### 一、单选题

1. 人身保险的保险标的是（　　）。

A. 财产　　B. 单证

C. 利益　　D. 身体和寿命

2. 不属于人身保险按投保风险分类的是（　　）。

A. 人寿保险　　B. 健康保险

C. 意外伤害保险　　D. 投资保险

3. （　　）不属于人寿保险的种类。

A. 生存保险　　B. 死亡保险

C. 生死两全保险　　D. 疾病保险

4. （　　）不属于健康保险的种类。

A. 意外伤害保险　　B. 疾病保险

C. 生育保险　　D. 医疗保险

5. 在健康保险实务中，保险人对初次投保健康保险的被保险人都要规定一个等待期（或观察期），则保险人作出这种规定的合理依据是（　　）。

A. 推定被保险人在观察期内的患病为投保之前就存在的

B. 推定被保险人在观察期内的患病为投保之后刚产生的

C. 推定被保险人在观察期内的患病为观察期内就存在的

D. 推定被保险人在观察期内的患病为观察期后刚产生的

6. 根据我国保险法规定，意外伤害保险属于（　　）范围。

A. 人寿保险　　B. 人身保险

C. 财产保险　　D. 健康保险

7. 保险公司承保的核心环节是（　　）。

A. 核保　　B. 勘察

C. 理算　　D. 复核

8. 按照我国保险法的规定，受益人是人身保险合同中享有保险金请求权的人，指定人身保险合同受益人的主体是（　　）。

A. 保险人　　B. 代理人或经纪人

C. 保险监管部门　　　　　　　　　D. 被保险人或者投保人

9. 人身意外伤害保险所承保的“意外伤害”应当具备的条件是（　　）。

A. 非本意的、内生的和突然的　　　B. 非本意的、外来的和可预见的

C. 本意的、非外来的和突然的　　　D. 非本意的、外来的和突然的

10. 在寿险核保中，由于优质风险类别的人不仅身体健康，且有良好的家族健康史、无吸烟、酗酒等不良嗜好，保险人对他们所采取的承保方式为（　　）。

A. 拒保　　　　　　　　　　　　　B. 按照标准费率承保

C. 按照高于标准的费率予以承保　　D. 按照低于标准的费率予以承保

## 二、判断题

1. 16周岁以上（含16周岁）不满18周岁的公民，以自己的劳动收入为主要生活来源的，视为具有完全民事行为能力，可以作为投保人，为自己投保。（　　）

2. 与投保人有劳动关系的劳动者不属于保险利益关系。（　　）

3. 投保人指定受益人时须经被保险人同意。（　　）

4. 为未成年人投保需法定监护人签署其本人姓名。（　　）

5. 人身保险合同中，由被保险人或投保人指定享有保险金请求权的人是被保险人。（　　）

6. 人身保险在订立保险合同时，投保人对被保险人必须具有保险利益。（　　）

7. 在人身保险合同中，有关涉及受益人变更的事项要经被保险人同意。（　　）

## 三、案例分析

1. 2005年3月，某公司职工陈某因患胃癌住院治疗，手术后出院在家休养。他的家人担心他接受不了这个事实，一直未将真实病情告诉本人。

8月陈某得知邻居邓某要去保险公司办理投保手续，便委托邓某代其办理“简易人身保险”的申请。邓某为陈某填单时，对“健康状况”一栏未填写，该保险公司的业务员也未按规定对此核实，便签了单准予投保。此后陈某每月按期缴纳保险费。

2007年6月，陈某因胃癌复发医治无效，于7月死亡。陈某的小儿子小陈以指定受益人身份到这家保险公司请求给付保险金。该保险公司在审查提交的有关证明时发现，陈某在投保时已患胃癌，并休养在家，不符合“简易人身保险”规定的投保条件：“年满16周岁到60周岁，身体健康，能正常劳动和正常工作，即符合全勤工作和劳动条件的人”。

因此，保险公司拒绝给付保险金。小陈多次到保险公司索要未果，便于2008年2月向法院起诉。法院经受理后，判决保险公司应当支付保险金。

问：为什么法院判决保险公司应当支付保险金？

2. 朱先生以其未婚妻韩某为被保险人，向保险公司投保人寿险，保险公司经审核后同意承保，并向韩某签发了保险单。此保险单中写明：投保人与被保险人（韩某）关系为配偶；保险种类主险为某人寿，保险金额为20万元，保险费14960元，保险期为终身；附险为意外伤害医疗。

第二年朱先生与韩某解除恋爱关系后，向保险公司提出解除保险合同并返还保险费的请求，双方因返保中应扣除手续费的比例问题而产生纠纷。

问：投保人对被保险人是否具有保险利益？保险公司在承保过程中有没有责任？

# 任务二 团体人身保险承保业务

## 任务描述

团体保险一般用于人身保险，它是用一份总的保险合同，向一个团体中的众多成员提供人身保险保障的保险。在团体保险中，投保人是“团体组织”，如机关、社会团体、企事业单位等独立核算的单位组织，被保险人是团体中的在职人员。保险人对愿意购买团体保险的单位所提出的投保申请进行审核，做出是否同意接受和如何接受的决定。可以说，保险业务的订立和变更保险合同的全过程，都属于承保业务环节。

## 工作情景

1. 活动地点：保险模拟教室。
2. 角色分配：承保出单员、复核员、核保员。
3. 有关业务：

（1）审核业务员交来的团体保险投保单中填写的有关信息。

（2）审核投保人、被保险人清单。

（3）对保险标的等信息进行核保。

（4）根据业务录入保险教学软件系统，缮制保险单。

（5）根据费率表计算相应的保费。

## 业务分析

1. 客户或外勤人员根据投保单填写要求，完成投保单填写，交给承保内勤人员。

2. 承保内勤人员根据投保单内容，进行保单信息录入并保存录入信息；复核人员查询出该投保单并审核录入的正确性，确认无误后复核该投保单。

3. 系统自动提交核保处理，根据预先设置的核保条件进行该投保单的最高核保级别判断，同时按级别提交不同的核保人员处理。

4. 核保通过后进行见费出单登记及刷卡，刷卡成功后系统自动生成保单号；保单生成后，操作人员可以根据客户要求打印各种单证。

5. 收付员在收付费系统中进行该业务的相关操作，打印收据、收费。至此一张投保单的业务完成。

## 业务流程

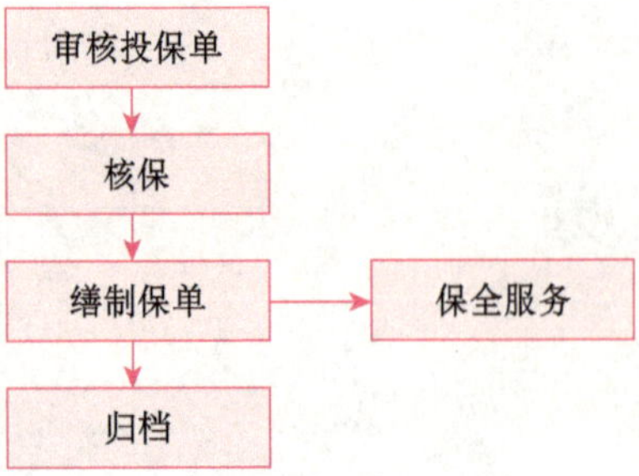


图 3-2-1

## 业务实施

### 步骤一　投保单的审核

#### （一）审核投保单的程序

图 3-2-2

1. 业务员依据投保团体的需求，为客户设计投保计划；填写投保书，加盖投保单位公章，提供被保险人清单（电子及书面资料）并约定生效日期。

2. 客户在投保时即缴费的，公司将出具《团险保费暂收收据》，待核保通过后，客户持收据换正式发票。

3. 业务员对各项内容逐项确认后提交公司审核；初审岗如发现投保资料存在填写问题，将返给业务员与客户确认。

#### （二）初审的内容

1. 投保资料齐全性的审核。
2. 填写项目齐全清楚的审核。
3. 填写内容正确性的审核。
4. 对涂改内容的初审。
5. 对投保件中的某些被保险人是否需要体检和发放核保问卷的初审。
6. 投保的年期和份数应考虑投保人的经济实力和被保险人的年龄及健康状况。

#### （三）初审结果的处理

1. 正常投保件的处理。

表 3-2-1

单证代码：HT01/09B

中国人民健康保险股份有限公司

PICC HEALTH INSURANCE COMPANY LIMITED

# 团体保险投保书

# Group Insurance Application Form

## 投保须知

1．本投保书是双方所订立保险合同的重要组成部分，在填写投保书之前，请认真阅读所投保险种的保险条款，并请结合我公司业务员的说明，确认理解保险责任、责任免除、合同解除等内容后，再做出投保决定。

2．投保书及被保险人清单的填写：请用黑色或蓝色墨水笔填写，字迹清晰，请勿涂改，且投保单位须在投保书、被保险人清单上签章确认。

3．告知义务：按照《中华人民共和国保险法》规定，保险公司对投保单位及被保险人的有关情况有权进行询问，请如实告知；如未如实告知，我公司有权依法对合同做出相关处理，包括解除保险合同，以及对于保险合同解除前发生的保险事故不承担保险责任。所有告知事项以书面告知为准，不接受口头告知。

4．生效时间：经我公司审核同意承保并签发保险单后，保险合同成立。在投保人按照约定交纳全部首期保险费后，保险合同生效。保险合同期间为保险单记载的生效日零时起至终止日二十四时止。

5．关于业务员说明：业务员应以本投保书内容及我公司规定为基础向客户如实、清晰地做出说明，一切超出本投保书、保险条款的业务员说明或解释均属无效。

以下内容由保险公司填写

| | | | |
|---|---|---|---|
| 分支机构名称 | | | |
| 市场类型 | □商业型　□新农合　□新农合补充　□城镇职工基本医疗<br>□城镇职工补充医疗　□城镇居民基本医疗<br>□城镇居民补充医疗　□医疗补助　□企事业单位补充医疗<br>□其他 | | |
| 销售渠道 | □直销　□中介　□个销团　□其他＿＿＿＿ | | |
| 中介公司名称 | | 中介机构代码 | |
| 中介公司业务员 | | 中介公司业务员代码 | |
| 交叉销售渠道 | □产代健　□寿代健 | 交叉销售公司代码 | |
| 交叉销售业务类型 | □相互代理　□联合展业　□渠道共享　□互动部　□其他 | | |
| 交叉销售业务员 | | 交叉销售业务员代码 | |
| 材料交接 | 被保险人清单 | □电子文档　□纸质表格＿＿＿＿页 | |
| | 其他资料 | ＿＿＿＿份/页 | |
| 初审人员 | 代码 | 签名 | |
| 接收日期 | 年　月　日 | | |
| 备注 | | | |

18000329792

续表

### 一、团体基本资料

| | | | | | | | |
|---|---|---|---|---|---|---|---|
| 投保团体名称 | | | | | | 联系电话 | |
| 投保单位地址 | | | | | | 邮政编码 | |
| 组织机构代码 | | | | | | | |
| 联系人姓名 | | 联系电话 | | 传真 | | 电子邮箱 | |
| 行业性质 | | 行业编码 | | 企业类型 | | 企业类型编码 | |
| 员工总人数 | | 在职人数 | | 退休人数 | | 其他人员人数 | |

### 二、参保人员资料

| | | | | | | | |
|---|---|---|---|---|---|---|---|
| 被保险人数(成员) | | 在职人数 | | 退休人数 | | 其他人员人数 | |
| 连带被保险人数(家属) | | 配偶人数 | | 子女人数 | | 其他人员人数 | |
| 参保人员职业类别 | □一类____人 □二类____人 □三类____人 □四类____人 □五类____人 □六类____人 | | | | | | |
| 投保前参保人员医疗保障形式(可多选) | □社会基本医疗保险 参加年份____ □商业医疗保险 □单位报销 □其他____ | | | | | | |

### 三、缴费资料

| | | | |
|---|---|---|---|
| 缴费主体 | □投保人全额承担 □被保险人全额承担 □投保人承担____%，被保险人承担____% | 长险缴费期间____ | |
| 缴费频次 | □趸缴□年缴□半年缴□季缴□月缴□约定____ | 缴费方式 | □银行转账 □支票 □现金 |
| 缴费方式选择银行转账的，请填写: | 开户银行 | ____银行____分行 | |
| 户名 | | 银行账号 | |

### 四、保险责任

| | | | |
|---|---|---|---|
| 保险责任生效日 | 年 月 日 | 保险责任终止日 | 年 月 日 |
| 保障计划区分标准 | □统一无区分 □按职务区分 □按薪酬区分 □按工龄区分 □按其他区分 | | |
| 保障计划对应人员类别 | 计划A.____ 计划B.____ 计划C.____ 计划D.____ 计划E.____ | | |

| 保障计划 | 应保人数 | 参保人数 | 险种代码及名称 | 责任项目代码及名称 | 医疗费用限额/保额/档次 | 免赔额 | 给付比例 | 保费（元） |
|---|---|---|---|---|---|---|---|---|
| | | | | | | | | |
| | | | | | | | | |
| | | | | | | | | |
| | | | | | | | | |
| | | | | | | | | |
| | | | | | | | | |
| | | | | | | | | |
| | | | | | | | | |
| | | | | | | | | |
| | | | | | | | | |
| | | | | | | | | |
| | | | | | | | | |
| | | | | | | | | |
| | | | | | | | | |
| | | | | | | | | |
| | | | | | | | | |
| | | | | | | | | |
| | | | | | | | | |

保费合计(小写)：____元 保费合计(大写)：____元

续表

**五、客户服务需求**

| | | |
|---|---|---|
| 保单管理服务 | 变更申请提交方式 | □保险公司上门收取 □投保单位上门办理 |
| | 提交频次 | □月度 □季度 □半年度 □随时 |
| | 结算频次 | □月度 □季度 □半年度 □随时 |
| 理赔服务 | 理赔申请提交方式 | □保险公司上门收取 □投保单位上门办理 □被保险人申请 |
| | 理赔金领取人 | □投保单位代领（需被保险人或受益人书面授权） □被保险人或受益人 |
| | 理赔金支付方式 | □银行转账 □支票 □现金 |

**六、历史保障情况告知（金额单位：万元）**

| 保障期间 | 保障内容 | 保障提供者 | 保险费 | 参加人数 | 报销人数 | 发生金额 | 报销金额 | 未决金额 |
|---|---|---|---|---|---|---|---|---|
| | | | | | | | | |
| | | | | | | | | |
| | | | | | | | | |
| | | | | | | | | |

**七、基本告知**

| | | | | | |
|---|---|---|---|---|---|
| 被保险人平均年龄 | | 最高年龄 | | 最低年龄 | |
| 被保险人退休人数占比 | | 连带被保险人人数 | | 外籍人员人数 | |
| 被保险人税前人均年薪 | □万元以下（不含） □万元～四万元（不含） □四万元～十二万元（不含） □十二万元以上（不含） | | | | |
| 被保险人（包括连带被保险人）一年内是否有前往中国大陆以外地区的安排？ | | | | | |
| 拟前往的国家或地区及时间、人员安排： | | | | | □是 □否 |
| 是否有残疾人员参加本次投保？（若“是”请详述残疾人数及残疾情况） | | | | | □是 □否 |

**八、健康告知**

| | | |
|---|---|---|
| 是否定期组织被保险人或员工体检？ | | |
| 频次：　　　次/年；最近一次体检医院为： | □是 | □否 |
| 被保险人在体检中是否有因异常情形而被建议接受其他检查或治疗的情况？ | □是 | □否 |
| 目前被保险人中是否有正在住院治疗的情况？ | □是 | □否 |
| 近一年内，被保险人中是否有因病不在工作岗位累计超过10天者？ | □是 | □否 |
| 被保险人中是否有遭受意外伤害后，至今未愈或留有残疾后遗症者？ | □是 | □否 |
| 过去五年内，被保险人中是否有曾患下列疾病而住院治疗或接受医师诊治者？<br>(1)高血压、冠心病、心律失常、心肌梗塞、主动脉瘤、心脏瓣膜疾病；<br>(2)脑中风(脑出血、脑栓塞、脑梗塞)、脑瘤、癫痫、重症肌无力、精神病；<br>(3)肝炎、肝硬化、胆石症、胰腺炎、消化性溃疡；<br>(4)肾炎、肾病综合症、肾功能不全、尿毒症、泌尿系统结石、肾囊肿；<br>(5)癌症(恶性肿瘤)或未经证实为良性或恶性之肿瘤、肿物、息肉或硬块；<br>(6)糖尿病、甲状腺功能亢进或低下；<br>(7)系统性红斑狼疮、类风湿性关节炎、强直性脊柱炎；<br>(8)艾滋病或艾滋病病毒携带者；<br>(9)慢性支气管炎、肺气肿、呼吸衰竭；<br>(10)白血病、再生障碍性贫血、淋巴瘤；<br>(11)先天性疾病、职业病、酒精或药物滥用成瘾；<br>(12)乳腺疾病、子宫肌瘤、卵巢囊肿等妇科疾病；<br>(13)以上未提及的其他疾病。 | □是 | □否 |
| 是否会组织被保险人参加潜水、跳伞、探险、攀岩、武术比赛、特技表演、赛马、赛车等高风险运动？ | 是□ | 否□ |
| 对以上异常情况的具体说明或其他需要就被保险人健康状况进行详细告知的情况：（可填加附页） | | |
| 针对以上告知中的异常情况，如有必要，需进一步提供相关被保险人的个人告知、体检报告、医疗记录和病历等有关资料。 | | |

续表

| 九、特别约定（如无特别约定，请填“无”） |
| --- |
| |

| 十、投保人声明 |
| --- |
| 1. 投保人已收到所投险种保险条款，且已认真阅读并理解了保险条款，保险公司已向投保人对本合同有关保险责任、责任免除、合同解除等相关内容作出说明、解释，投保人已经注意并理解免责条款及保险合同有关内容，并予以同意。<br>2. 投保人填写在本投保书上的各项内容均属实，如有隐瞒或不实，保险公司可依法对保险合同做出相关处理，包括解除保险合同，并对保险合同解除前发生的保险事故不承担保险责任。<br>3. 对于费用报销型医疗保险的被保险人，如理赔时其医疗费用已通过其他途径获得了部分补偿，则保险公司可以根据医疗保险的给付原则在给付保险金时予以相应扣减。<br>4. 对于健康告知存在异常的情况，投保人将配合保险公司收集提供相关被保险人的体检报告、医疗记录和病历等有关资料，如不能提供完整真实的相关资料，则投保人同意保险公司不承担相关被保险人的保险责任。<br>5. 投保人已知晓除书面申请并由保险公司正式承保、修改或批注的内容外，其他任何人的口头及书面承诺均属无效，保险公司无需负责。<br>6. 投保人已知晓即使本单位已预缴保险费，本保险合同仍未生效，保险合同的生效以保险合同成立、投保人缴纳保险费且保险公司签发保险单为条件，本保险合同的生效日期以保险单上载明的日期为准。<br><br>投保单位负责人/法人签字：　　投保单位盖章：　　填写日期：　年　月　日 |

| 十一、业务员声明 |
| --- |
| 本人对本投保书的投保须知、所投保险种的条款、协议（尤其是责任免除条款）及经询问的其他事项已当面据实向投保人说明；本人如有对投保须知、条款、协议、询问事项的不实说明或不实见证，愿承担相应责任。<br><br>所属营业部：　　业务员编码：　　业务员签名：　　填写日期：　年　月　日 |

2. 填写不符合要求的投保件的处理。

3. 需要补充资料的投保件的处理。

4. 交费确认。

# 步骤二　核　　保

团体核保时，遵循一般性规定和核保风险控制原则。

## （一）一般性规定

1. 团体保险是指投保人为其 5 人以上特定团体成员（可包括成员配偶、子女和父母）投保，由保险人审核同意后，用一份保险合同提供保险保障的一种人身保险。

2. 不接受以购买保险为目的组织起来的团体承保团体保险。

3. 特定团体的参保成员应占团体中符合参保条件成员总数的 75% 以上（含 75%）。在保险条款中规定，被保险人的人数减少到参保条件成员总数的 75% 以下（不含 75%）时，保险公司有权解除保险合同。

4. 根据保险公司条款，被保险人应该属于团体中身体健康、能正常工作或学习的人员。

5. 下列情形之一，不属于“身体健康、能正常工作或学习的人员”：有既往症的人员，是指投保时已患有传染病、先天性疾病、各系统慢性疾病、已有外伤手术等症状的人员，有药物过敏史（与保险责任有关部分）的人员；投保时已患病住院的人员；投保前因病假不在岗达 10 个工作日以上的人员。

6. 与个险（刚性原则）不同，对于第 5 条中的人员，可以视投保团体的保费规模、理赔经验、盈利能力评估其对整个团体风险的影响程度，采取以下四种处理方式：

（1）承保时剔除该被保险人。

（2）将特定疾病或残疾所引起的保险责任除外。

（3）该被保险人的风险相对于整个团体而言，在保险公司能够接受的范围之内，可加费承保。加费可采取对该被保险人加费，也可以对整个团体加费，加费的幅度由核保人视风险程度而定。

（4）该被保险人的病情经治疗后可完全康复，可延期承保，承保时需提供详细的被保险人个人告知声明书。

## （二）核保风险控制原则

1. 遵纪守法。

（1）不擅自签署未经审核的保险协议。

（2）不违规承诺保底。

（3）不私印保险单证。

（4）严格遵守保监会、国家相关部门的法律、法规和公司相关规定。

（5）杜绝监管机关的通报批评。

（6）代理业务最长不得超过一年。

（7）业务开展，保证有条款支持。

2. 确定风险可评可控。

（1）该标的风险是否符合大数法则。

（2）公司的经营能力是否可承担，系统和后援是否可以支持。

3. 避免逆选择风险。

（1）确定有投保利益。

（2）合理确定生效日期，避免倒签单。

（3）保险方案合理，避免只保风险高的人。

知识链接

逆选择风险主要是指投保人所进行的对其自身有利，对保险人及全体投保者不利的选择。

团体人身保险业务的逆选择包括两种情况：一是被保险人的逆选择风险，往往风险大的员工希望参保；二是保单持有人的逆选择风险，也就是说风险较大的团体投保欲望强烈，实务中团体人身险保单持有人的逆选择风险要比单个被保险人的逆选择风险难以预计得多，也难以控制得多。

### （三）具体核保时的要求

1. 核保决定有正常通过、加费、除外部分责任、拒保等。

2. 对下发的问题函/体检函等函件，需投保单位及被保险人配合完成，并请经办人及相关被保险人亲笔签名并加盖公司印章后，交回公司扫描、回销。

3. 如拒保则下发谢绝承保通知书，并说明原因。

4. 条件承保（加费承保、疾病除外等）的，将下发《承保内容变更通知书》，请客户确认后回销，同意则进入下一环节；不回复或不同意者将做催办、撤件处理。

## 步骤三　缮制保单及归档

### （一）缮制保险单流程图

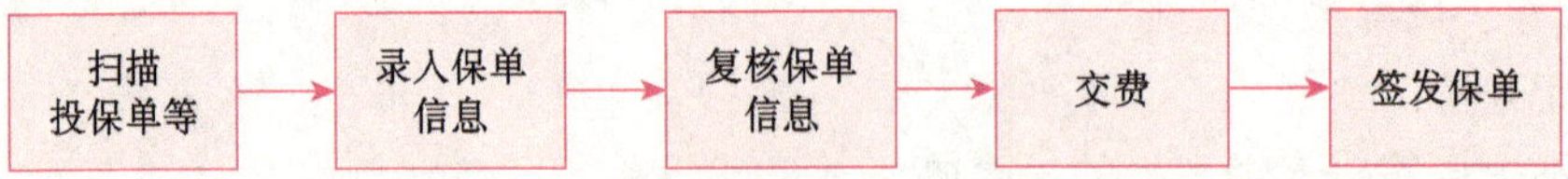


图 3－2－3

录入保单信息如下：

被保险人清单如下信息：

### （二）团体保险归档

1. 业务员将保险单、保险费专用收据和保险单送达书送达投保人并确认无误后，将保存在投保单位的暂收费收据（投保单位联）及投保人签章后的保险单回执返送公司。

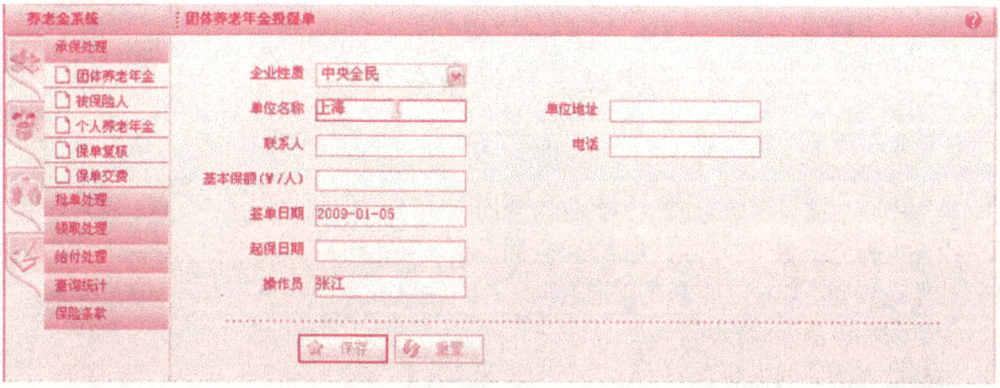


图 3－2－4

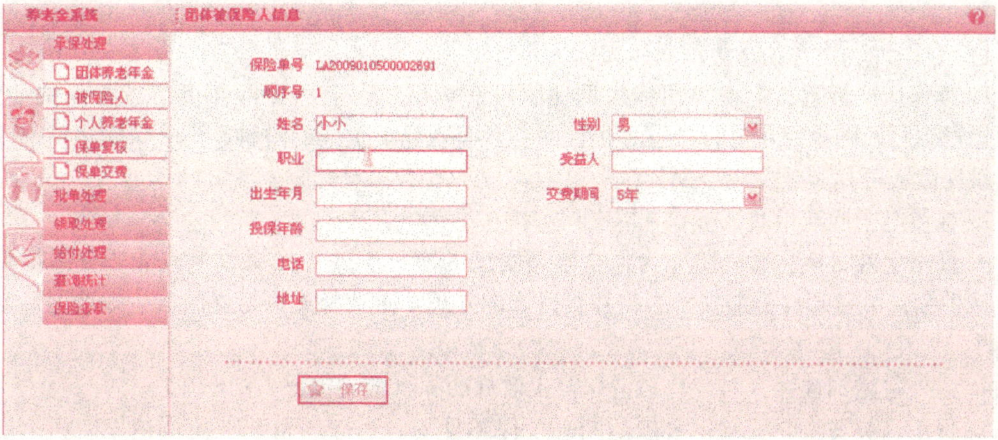


图 3－2－5

2. 公司经办人员进行保险单回执登记，将回执联归档保存。

3. 团体投保资料归档内容主要包括投保资料，即投保单、投保清单、健康告知书、体检报告及病情资料、各类问卷、暂收费收据（投保单位联）以及其他投保资料和保险单送达回执。

**知识链接**

投保资料一般包括：

1. 团体人身保险投保单。
2. 团体人身保险投保清单。
3. 投保声明书。
4. 身故受益人确认书（指定身故受益人需要该被保险人签字确认）。
5. 团体健康告知书（投保含疾病责任保险时）。
6. 团体人身保险个人告知书（投保含疾病责任保险需要个人情况时）。
7. 数据磁盘。
8. 其他资料（如建筑施工合同需要施工许可证或施工合同或中标通知书等）。

## 步骤四 提供保全服务

### （一）团体保险保全服务包括的合同

1. 效力中止后需要恢复合同效力的保险合同。
2. 投保人补充或更正告知内容的保险合同。
3. 被保险人变更职业、工种的保险合同。
4. 变更附加险的保险合同。
5. 增减被保险人的保险合同。
6. 保险期间内增加保险金额的保险合同。

### （二）团体保险保全服务的具体要求

1. 续保：严格意义上说，团体短期保险没有续保。在上一保险年度继续投保的业务，必须通过填写新的投保单进行处理；但注意：含有观察期责任的险种，下一保险年度继续投保的被保险人可相应减免观察期。

2. 提供电子版清单时，提供 EXCEL 版本。

3. 保全生效日期：意外险应为保全申请受理的次日生效；如果投保人无法立即提供保全申请手续，可发邮件提前报备，需在当月之内办理。企业补充医疗保险的生效追溯日期为 3 个月。

4. 意外险增加被保人时，要写清保全生效日期和新增的被保人的职业。

5. 保单人员替换时注意：必须是同一个保障计划、在同一个职业范围内、同一个生效时间才可以进行人员替换。

6. 当被保人已经在之前的保全申请中被减掉后，如果发生理赔，视为解约，不给予理赔受理。

7. 保单自生效后，保险期间在一年以内的为短期保险，一般情况下不受理增、减人业务。

### 综合训练

1. 初审岗如发现投保资料存在填写问题，将返给（　　）让客户确认。

A. 理赔员　　B. 业务员

C. 承保员　　D. 核保人员

2. 团体保险是指投保人为其（　　）人以上特定团体成员（可包括成员配偶、子女和父母）投保，由保险人审核同意后，用一份保险合同提供保险保障的一种人身保险。

A. 2　　B. 3

C. 5　　D. 10

3. 团体保险比个人保险逆选择的风险更大，所以下列（　　）不是避免逆选择风险。

A. 确定有投保利益　　B. 合理确定生效日期，避免倒签单

C. 让主管领导签字　　D. 保险方案合理，避免只保风险高的人

4. 核保决定没有下列（　　）。

A. 体检　　B. 正常承保

C. 加费　　D. 拒保

5. 团体保险保全服务包括（　　）。

A. 效力中止后需要恢复合同效力的保险合同

B. 投保人补充或更正告知内容的保险合同

C. 被保险人变更职业、工种的保险合同

D. 上门为客户递送保单

## 项目小结

项目三　人身保险承保业务

- 个人人身保险承保业务
  - 步骤一　投保单的审核（审核填写的投保单）
  - 步骤二　核保（对投保人和被保险人的风险进行核保）
  - 步骤三　缮制保单及归档（通过保险软件缮制保单并进行归档）
  - 步骤四　提供保全服务（对于需要变更的保单提供保全服务）
- 团体人身保险承保业务
  - 步骤一　投保单的审核（审核填写的投保单）
  - 步骤二　核保（对投保人和被保险人风险进行核保）
  - 步骤三　缮制保单及归档（通过保险软件缮制保单并进行归档）
  - 步骤四　提供保全服务（对于需要变更的保单提供保全服务）

## 评　价

明星是5颗☆　　勇士是3~4颗☆　　菜鸟是2颗☆及以下

| 项目 | 知识掌握能力 | 知识运用能力 | 学习热情程度 | 回答问题表达能力 | 合　计 |
|---|---|---|---|---|---|
| 自评 | | | | | |
| 同学评 | | | | | |
| 老师评 | | | | | |
| 合计 | | | | | |

# 项目四

# 4 人身保险理赔业务

## 学习目标

- ☐ 熟悉保险产品的条款及理赔计算，理赔的有关规定
- ☐ 掌握保险理赔各步骤的工作流程
- ☐ 会操作熟悉保险软件的操作

## 导入案例

被保险人李某2007年7月23日在保险公司投保分红保险10万元。2012年3月11日晚，被保险人与朋友（包括保险公司一名业务人员）一起吃饭后，开车出去玩，途中由于其他车辆违章驾驶，导致车祸，被保险人李某当场死亡，业务人员马上向公司报案。接报案后，保险公司立即派出调查人员前往事故现场调查核实，经交警大队及医生证实被保险人身故及无责任免除事项事实后，判定属于保险公司应承担的保险责任范围。3月20日，被保险人身故家属向公司提交理赔申请，3月21日，保险公司即向其受益人支付身故保险金158590元。案例说明，理赔过程中报案人或业务员都要及时报案，才能顺利进行理赔。

# 任务一
# 个人人身保险理赔业务

## 任务描述

对被保险人发生风险事故后受益人或被保险人提出的索赔申请，保险人按照保险合同的约定审核保险责任，决定是否赔付并计算赔付金额、缮制赔案的处理过程。

## 工作情景

1. 活动地点：保险模拟教室。
2. 角色分配：接案员、理赔员、核赔员。
3. 有关业务：
（1）接案时调出保单信息，填写《报案登记表（代抄单)》。
（2）现场查勘，填写《现场查勘登记表》。
（3）录入保险教学软件系统立案。
（4）审核《索赔申请书》等理赔单证。
（5）录入保险教学软件系统理赔计算。
（6）赔付结案。

## 业务分析

1. 确定造成保险标的的损失的真正原因。确定造成保险标的损失的真正原因是判定损失是否属于保险责任的前提条件。保险人必须通过实际调查，全面掌握出险情况后加以客观分析。如果保险人对出险情况了解不深入，掌握的材料不全面，就会对赔案的处理带来困难。

2. 确定标的的损失是否属于保险责任。保险人要根据出险原因并对照保险条款判断保险标的损失是否属于保险责任。判断时要实事求是，切忌草率行事和主观臆断。

3. 确定保险标的损失程度和损失金额。保险人在现场勘察的基础上，根据被保险人的投保范围，经过必要的施救和整理工作后，确定保险标的损失程度和损失金额。在财产保险中，确定保险标的的损失以实际损失为限，间接损失和非物质性损失除外。

4. 确定被保险人应得的赔偿金额。保险人在完成以上三项任务后，按照保险合同的规定，根据保险金额、实际损失和损失程度确定赔偿金额。对通融赔付的案例，要根据实际情况研究决定。

## 业务流程

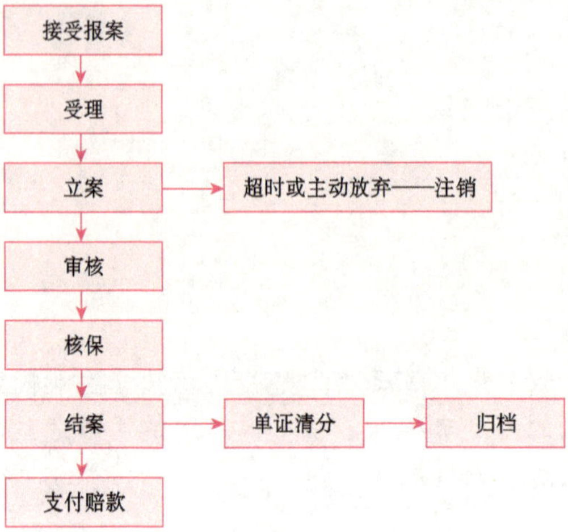


图 4-1-1

## 业务实施

### 步骤一　接　　案

接案子流程包括以下内容：

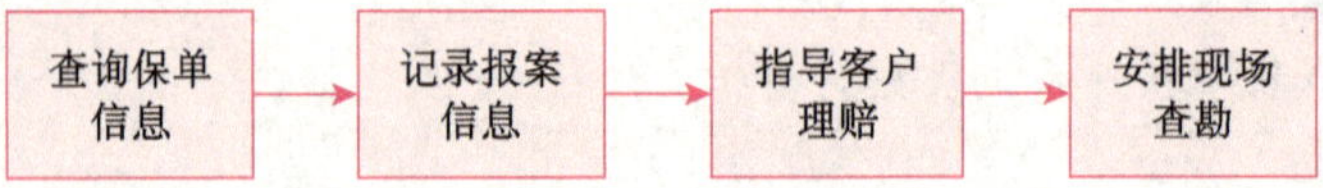


图 4-1-2

#### （一）查询保单信息

报案受理岗接到报案后，对出险客户的保单信息、既往理赔信息等相关内容进行查询。包括：

1. 保险事故发生在保险期间内。
2. 出险人是保险单上的被保险人。
3. 被保险人在保险有效期内出险。
4. 给付申请在规定时效内（人寿保险自知道保险事故发生起 5 年内，其他人身保险自知道保险事故发生起 2 年内）。

#### （二）记录报案信息

报案受理岗接到报案后，应及时填写“出险登记簿”，对报案时间、被保险人姓名、保单号、事故发生的日期、原因、地点、报案人、就诊的医院以及相关信息进行记录。

### （三）指导客户理赔

报案受理岗接到报案后，应对客户申请保险金需注意的事项予以提醒，如医疗机构符合保单约定、用药符合社保规定、申请保险金所需材料等。

### （四）调查

1. 报案受理岗接到报案后有下列情形之一的，需发起即时调查：

（1）根据案件情况需要立即进行现场取证、固定证据的（如交通事故、高坠、不明原因死亡等）。

（2）重大灾难性事故（如洪灾、地震、航空意外、重特大交通事故等）、影响力巨大的。

（3）保单生效2年（含）内，被保险人因疾病在医院外身故的。

（4）所有预计赔付金额≥10万元的案件。

（5）保单生效1年（含）内的极短期死亡案件。

（6）核赔人员认为需要展开即时调查的案件。

注意：上述案件中，客户因为同一原因曾申请过理赔且公司已进行过针对性调查的案件，无需再发起即时调查。

2. 在调查方法中，主要有四种常见的方法：

（1）现场勘查。是对保险标的的损害所在场所及遗留物进行的勘验、检查和调查活动。现场勘查的根本目的是运用查勘技术手段收集证据材料，初步判定事故性质。

①对报案及时的案件调查人员应及时赶赴现场进行勘查。

②紧急情况时应先救治伤者或病人，同时快速取证并协助联系医疗或救助机构。

③现场勘查过程中，必须以笔录、照相、制图或摄影录像等方式进行记录、固定证据，同时注意保护现场。

④参加现场勘查的调查人员不得少于2人，必要时应邀请见证人。

⑤出险现场为当事人的生活起居地或其他私密性场所时，一般应取得当事人的同意；查勘过程中不得随意移动现场物品；涉及刑事案件现场，未取得司法部门的同意，不得进行现场勘查。

⑥死因不明的案件应力争进行尸检；怀疑酒后驾驶的，应及时测定血液酒精含量。

（2）走访。走访是案件的重要措施，通过对事故有关单位、当事人或现场周围知情人的走访，收集与事故有关的书证、物证、证言。走访重要证人，应当按要求制作有证据价值的《调查询问笔录》（附表）或录音。

在收集理赔相关的书证和物证材料时，调查人员应依据被保险人或受益人授权，对被保险人既往就诊、学习、工作等档案进行调查、借阅、复印，了解事件发生的整个过程。

调取资料在原则上尽量提取档案原件，不能提取原件时可以采取复印、影印、节录或提取副本，并要求资料保存单位和个人签名盖章，以对其真实性及资料来源予以确认。

（3）鉴定和检验。案件涉及专业性技术问题且对理赔结论有影响的，可委托具有法定资格的单位进行检验、鉴定。检验和鉴定后应要求鉴定机构提供鉴定或检验报告书。对申请人提供的检验鉴定结论有异议的，应当委托公信力更强的鉴定、检验单位重新鉴定、检验。

①伤残、重大疾病可以委托司法鉴定机构或卫生医疗机构相关部门进行鉴定。

②中毒、传染病可以上报卫生部门检验。

③医院诊治严重违背诊疗常规的，可以向卫生部门申请由权威医疗单位对诊治的合理性进行认定。

④失能认定由劳动能力鉴定委员会进行鉴定。

（4）辨认和现场模拟试验。对于被保险人或事故发生的客体不能明确的情况下，调查人员应组织相关人员进行“同一”辨认，必要时进行技术鉴定，确认证据的关联性，如可以现场模拟的事故，在安全、可重复的情况下，调查人员可现场模拟事故发生的可能性。

对于保险事故发生的人和事是否真实及调查获得证据是否具关联，以及对于以被保险人生存为理赔条件给付保险金时，调查人员应注意核实被保险人生存状态。

保单查询如下信息：

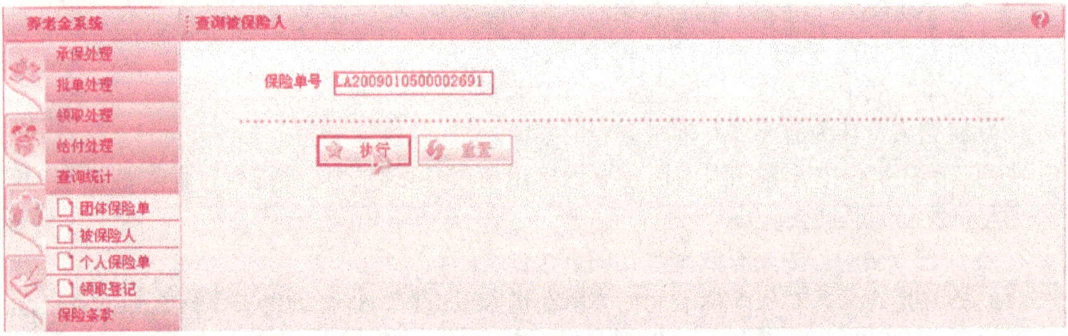


图 4－1－3

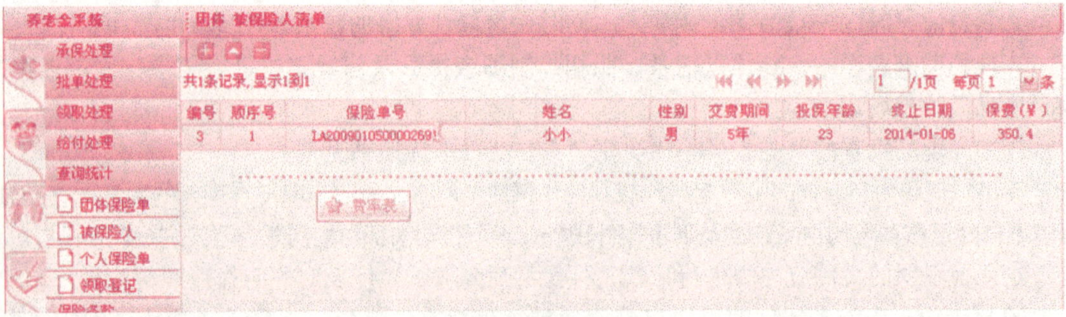


图 4－1－4

## 步骤二　受　　理

受理流程包括以下内容：

图 4－1－5

### （一）接收、查看申请资料

受理岗接到客户索赔申请后，应接收客户的申请资料，查看其保单状态的有效性，查看客户索赔申请资料的内容，对留存复印的资料需核实原件并加盖“原件已核”章。

### （二）受理审核

受理岗对索赔材料进行如下形式审核：

1. 被保险人、申请人身份证明与保单记载一致。
2. 申请人为保单中的受益人或依法享有保险金请求权的其他人。
3. 申请资料齐全、完整。
4. 索赔事由在保险责任范围内。

经审核，受理岗对符合受理条件的索赔申请予以受理，并录入系统，打印索赔交接凭证，整理资料并完成扫描；对不符合受理条件的索赔申请不予受理，出具不予受理通知书并向客户解释不予受理的原因，退回所接收的资料（留存复印件归档）。

如表4-1-1所示，为人寿保险索赔需要准备的材料。

**表4-1-1**

| | 申请项目 | 应备文件 |
|---|---|---|
| 人寿保险 | 疾病死亡 | （1）保险单、最近一期保费收据及单位证明<br>（2）索赔申请书<br>（3）被保险人身份证明<br>（4）被保险人户籍证明<br>（5）受益人身份证明<br>（6）门诊手册原件<br>（7）出院小结<br>（8）死亡证明<br>（9）户口注销证明<br>（10）火化证明 |
| | 意外死亡 | 同上 |
| | 宣告死亡 | （1）保险单、最近一期保费收据及单位证明<br>（2）索赔申请书<br>（3）被保险人身份证明<br>（4）被保险人户籍证明<br>（5）受益人身份证明<br>（6）宣告死亡证明 |

如表4-1-2所示，为人身意外伤害保险索赔需要准备的材料。

表 4-1-2

| | 申请项目 | 应备文件 |
|---|---|---|
| 人身意外伤害保险 | 意外死亡 | (1) 保险单、最近一期保费收据及单位证明<br>(2) 索赔申请书<br>(3) 被保险人身份证明<br>(4) 被保险人户籍证明<br>(5) 受益人身份证明<br>(6) 门诊手册原件<br>(7) 出院小结<br>(8) 死亡证明<br>(9) 户口注销证明<br>(10) 火化证明 |
| | 意外残废 | (1) 保险单、最近一期保费收据及单位证明<br>(2) 索赔申请书<br>(3) 被保险人身份证明<br>(4) 意外事故证明<br>(5) 法医鉴定书 |

【温馨提示】

"居民医学死亡证明书"的获得：客户若在医院内死亡，应提醒家属保管好医院出具的"居民医学死亡证明书"。

"户口注销证明"的获得：居民死亡后必须由其家属到当地派出所进行户口注销。户口注销后，派出所会出具"户口注销证明"。

"尸体处理证明"的获得：城镇居民身故后大多就地火化，尸体火化后殡仪馆会出具"火化证"，作为"尸体注销证明"；农村居民身故后实行土葬的，可由所在村居委会或当地派出所出具"土葬证明书"。

"意外事故证明"的获得：客户发生意外时，应提醒客户家属准备"意外事故证明"材料，如意外车祸应向交警部门索要"交通事故责任认定书"，意外被打伤或遭抢劫受伤应向"110"或当地公安部门报警并请其出具相关证明。

"门诊手册或门诊病历"的获得：客户在医院接受医疗服务时，医院会提供"门诊手册或门诊病历"及就医记录。

"出院小结或出院记录"的获得：住院医疗的客户，在办理出院手续时向其主治医生索要"出院小结或出院记录"，这是医院必须提供给病人的医疗证明。

"重大疾病证明书或医疗诊断证明书"的获得：诊断明确后，及时向主治医生索要"重大疾病诊断证明书或医疗诊断证明书"，避免事后索要困难。

如表 4-1-3 所示，为健康保险索赔需要准备的材料。

表 4－1－3

| | 申请项目 | 应备文件 |
|---|---|---|
| 健康保险 | 重大疾病 | （1）保险单、最近一期保费收据及单位证明<br>（2）索赔申请书<br>（3）被保险人身份证明<br>（4）出院小结<br>（5）医疗费用收据复印件<br>（6）重大疾病诊断证明 |
| | 意外医疗（门诊） | （1）保险单、最近一期保费收据及单位证明<br>（2）索赔申请书<br>（3）被保险人身份证明<br>（4）门诊手册原件<br>（5）医疗费用收据原件<br>（6）意外事故证明 |
| | 意外医疗（住院） | （1）保险单、最近一期保费收据及单位证明<br>（2）索赔申请书<br>（3）被保险人身份证明<br>（4）出院小结<br>（5）医疗费用收据原件<br>（6）意外事故证明 |
| | 住院医疗 | （1）保险单、最近一期保费收据及单位证明<br>（2）索赔申请书<br>（3）被保险人身份证明<br>（4）出院小结<br>（5）医疗费用收据原件 |

## 步骤三　立　　案

立案流程包括以下内容：

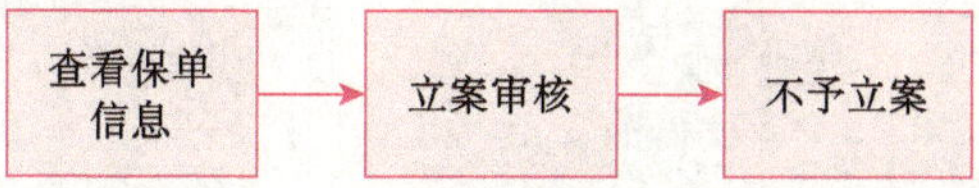


图 4－1－6

### （一）查看保单信息

立案岗收到已受理的索赔案件后，对索赔案件的关联保单进行查询，查看保单状态、保险计划、申请人、受益人等信息。

### （二）立案审核

立案岗审核的内容包括：

1. 被保险人、申请人身份信息与保单记载一致。
2. 申请人为保单中的受益人或依法享有保险金请求权的其他人。
3. 索赔事由在保险责任范围内。
4. 影像资料完整、清晰。
5. 申请时间是否在保险合同约定的索赔时效范围内。
6. 核对申请资料是否真实、合理。

扫描影像完整清晰，符合立案条件的索赔申请，立案人员录入立案信息，维护领款人信息，予以立案。

### （三）不予立案

经过初审，对于符合立案标准的案件进行立案处理，对于不符合立案条件的案件作不予立案处理，不予立案的情况有：

1. 保险事故明显不属于保险责任。
2. 出险人不是被保险人本人。
3. 保险事故发生不在保单有效期内。
4. 理赔申请不在保险法或者保险合同规定的范围内。
5. 索赔时效之内、生效复效疾病观察期内、伤残鉴定等待期内。
6. 受益人资格不符合规定。
7. 费用补偿型医疗保险其出险年度内保额已赔满者。

经查看和审核，若影像资料不完整、不清晰，立案人员通知扫描人员重新扫描。索赔申请不符合立案规则的在系统中操作“不予立案”，并将“不予立案”决定书面通知索赔受理人员。

## 步骤四　审　　核

审核流程包括以下内容：

图4－1－7

### （一）简易案件审核

简易案件指预计赔付金额在1000～3000元以下、资料齐全、事实明确、无须调查的、可正常赔付的医疗险案件（核保核赔委员会根据风险的管控结果、服务的需要以及地区的差异有权对简易案件的赔付额度进行适当适时地调整）。理赔时限最长不能超过1个工作日。

简易案件可由一名核赔人员审核，做到结案的快速、准确。

### （二）常规案件

审核人员认为理赔案件不符合简易案件处理标准的，则将此案件转为常规案件。常规案件为除简易案件之外的所有理赔案件，理赔时限一般为 10 日。

常规案件由两名或两名以上的核赔人员独立审核完成。常规案件的审核采用分层分级审核的方式，在经初级审核人员审核后，由一级复核、二级复核、核赔部、核保核赔委员会进行审核签批。

理赔审核人员应按照审核步骤，对保险合同、出险人、受益人、保险事故及投保告知信息进行详细审核，严格管控风险。

1. 发起调查。系统对符合调查标准的案件强制发起调查。对于存在疑点、事实不够清楚、需进一步核实的案件由审核人员发起调查。审核人发起调查时应指出调查方向，如调查被保险人死亡前住院的天数和抢救情况。

2. 初级审核。对于事实清楚、案情清晰或调查完成的案件，初级核赔人给出初步理赔结论后上报上一级核赔人进行复核。审核的内容包括：

（1）审阅保险合同信息，确认合同效力。

（2）核实被保险人、受益人及其监护人的身份证明。

（3）核实保险事故经过。

（4）确定是否属于保险责任以及有无责任免除事项。

（5）理算保险金，做出理赔结论。

**案例分享**

某保险公司理赔人员接到一个重大疾病保险理赔时，他首先审核了投保投、动机；其次要确认重大疾病被确诊的时间，如果重大疾病确诊在投保前或保单失效期间或在保单观察期内，保险人不负责保险金给付；最后确认被保险人患有重大疾病是否属于保险责任范围。保险公司还要审核病历、检查报告、诊断证明以及鉴定书上的姓名、年龄、性别与保单上的被保险人是否一致，审核重大疾病发生日期与病历、检查报告、诊断证明、鉴定书及有关证明上的日期是否一致，是否在保险期限内，是否在观察期之后，必要时被保险人应到保险公司指定的医院或司法机构进行复查或司法鉴定。

## 步骤五　核　　保

核保形式包括以下内容：

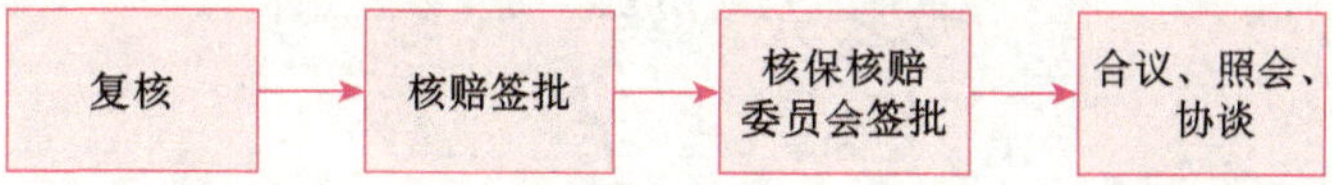


图 4－1－8

### （一）复核

上级复核人在授权范围内对审核人上报的常规案件进行复核结案，超出授权范围的上报更高级别复核人处理。复核人对初审结论错误或认为需继续调查的案件退回至下级复核人或审核人处理，并给予指导意见。

### （二）核赔部签批

核赔部负责人对上报的案件进行审核。如不同意复核结论，则回退；如同意复核结论，在权限以内，予以结案；对于超出权限的，则上报核保核赔委员会。

### （三）核保核赔委员会签批

核保核赔委员会负责审核核赔部上报的案件。同意核赔部意见的，予以结案；不同意核赔部意见的，予以回退。

### （四）合议、核保照会、理赔协谈

1. 发起合议。案件存在下列情形之一的，应发起合议：

（1）保险合同条款存在争议的案件。

（2）所有通融赔付的案件。

（3）可能导致诉讼的案件。

（4）对公司经营信誉、品牌建设、服务形象等可能造成重大影响的案件。

（5）其他认为需发起合议的案件。

2. 合议的原则。合议参与人为单数，合议结论以少数服从多数为原则。

3. 核保照会。客户投保时存在未如实告知，且未如实告知的内容可能会影响保单效力时，案件审核人应就未告知之事实照会核保人进行核保评估，以评价对保险合同效力的影响。核保照会的意见应作为案件审核人做出理赔结论时的参考依据。

### （五）核赔人员通过案件的审理、分析并做出相应的理赔结论

1. 对事故经过清楚、保险责任范围明确的案件进行保险金理算后做出理赔结论。

2. 对事实不清楚、责任不明确的案件可以提请调查，根据调查结果再做出理赔结论。

3. 对既往有未告知事项、调查材料充分的案件，应提请核保部进行核保照会，并参考核保照会意见和《保险法》相关规定做出理赔结论。

4. 对于理赔金额较高、存在疑点、条款有争议等情况，应按合议标准提请合议，根据合议结果做出理赔结论。

## 步骤六 结　案

结案流程包括以下内容：

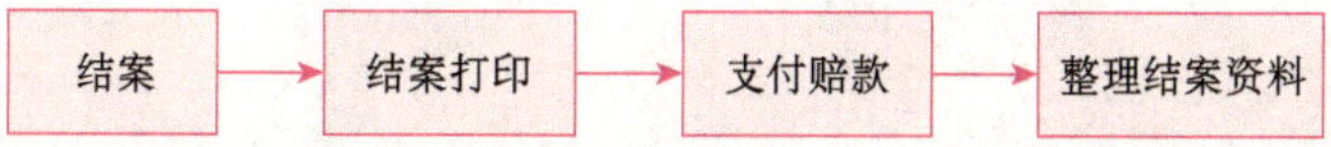


图 4－1－9

## （一）结案

审核人员认为理赔案件资料齐全、事实清楚、符合保险责任、受益人身份确定、保险金数额符合简易案件的结案金额，审核人员予以结案。

理赔结论分为正常给付、拒绝给付、协议给付、通融给付四种。

1. 正常给付。被保险人的申请事由符合合同的约定，可给予正常赔付的案件。

2. 拒绝给付。被保险人的申请事由不符合合同的约定，我公司拒绝给付保险金的案件。拒绝给付主要有如下几种情况：

（1）合同无效。

（2）保险事故的发生不在保单有效期间内。

（3）等待期出险。

（4）保险事故的发生不属于合同约定的保险责任范围，保额已经赔满，发生额不足免赔额。

（5）保险事故的发生适用免责条款。

（6）虚构保险事故。

（7）不如实告知。

（8）超过索赔时效。

3. 协议给付。指因拒赔证据不充分或合同条款存在瑕疵等原因不适宜拒赔或全额给付，需与客户协商后方能确定赔付金额的案件。

4. 通融给付。被保险人的申请事由不属于保险责任范围或属于免责范围等原因不能赔付，但考虑到案件本身以外因素的实际需要，不宜做出拒赔决定的案件。

## （二）结案打印

1. 结案后，结案打印岗人员打印理赔批单/理赔转账清单、理赔给付说明书、理赔决定通知书、医疗理赔分割单等，并向索赔人进行寄送或通知索赔人到柜面办理单证交接手续。

2. 保险金给付额度的确定：

①索赔申请事由构成保险事故的，按照保险合同的约定计算给付保险金。

②对于协议或通融赔付的案件，按照与受益人或受益人的监护人达成的理赔给付协议确定给付保险金。

③如存在垫交保险费的本息、欠交保险费、保单贷款的本息等情况时，我公司核定的给付金额为约定的保险金额扣除上述费用后的余额。

打印信息如下：

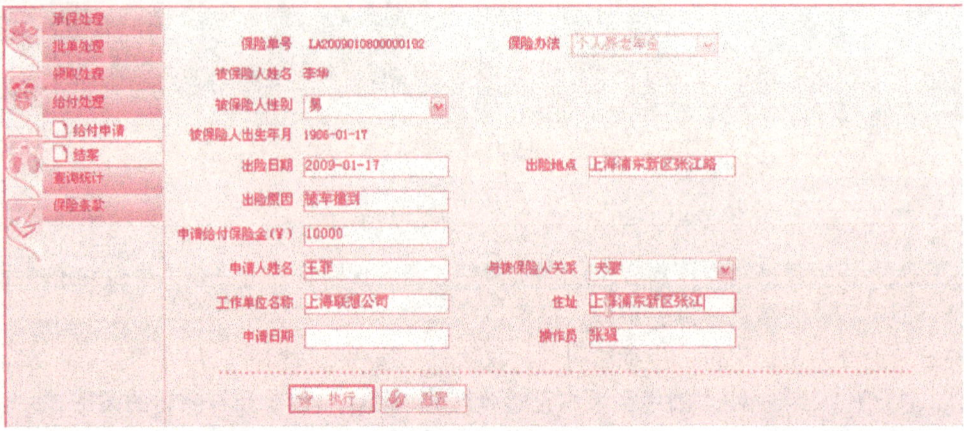


图 4－1－10

### （三）理赔支付

结案打印岗向财务部门交接理赔转账清单或理赔批单，财务部门进行理赔支付。支付方式选择现金领取的，结案打印岗应通知索赔人本人亲自到公司柜面办理领款手续。

### （四）整理结案资料

结案打印岗人员负责整理公司需留存的档案资料，并定期与档案管理人员交接归档。

**知识补充**

1. 我国《保险法》规定，人寿保险以外的其他保险的被保险人或受益人，对保险人请求赔偿或给付保险金的权利，自其知道保险事故发生之日起 2 年不行使而消亡。

2. 个人健康保险中规定等待期条款的主要目的是为了防止被保险人的逆选择。

3. 如果寿险合同的被保险人在宽限期内出险，保险人在理赔计算时，应扣除的款项是投保人欠缴的保险费。

4. 保险理赔基本原则是重合同、守信用，公平、从实、效率原则。

## 综合训练

### 一、单选题

1. 我国《保险法》规定，人寿保险以外的其他保险的被保险人或受益人，对保险人请求赔偿或给付保险金的权利，自其知道保险事故发生之日起（　　）年不行使而消亡。

A. 2　　　　B. 3

C. 4　　　　D. 5

2. 理赔的流程一般不包括（　　）。

A. 接案、立案　　B. 初审、调查

C. 复核审批　　D. 代为求偿

3.（　　）是指保险人在保险标的发生风险事故后，对被保险人或受益人提出的索赔进行处理的行为。

A. 保险核保　　B. 保险承保

C. 支付赔款　　D. 保险理赔

4. 从经营的角度看（　　）充分体现了保险经济补偿职能的作用，是保险经营的重要环节。

A. 保险核保　　B. 保险承保

C. 支付赔款　　D. 保险理赔

5. 个人健康保险中规定等待期条款的主要目的是为了防止被保险人的（　　）。

A. 道德风险　　B. 逆选择

C. 心理风险　　D. 提前退保

6. 如果寿险合同的被保险人在宽限期内出险，保险人在理赔计算时，应扣除的款项是（　　）。

A. 被保险人的债权人提出的赔偿金额　　B. 投保人的预缴保险费

C. 投保人欠缴的保险费　　D. 保单的未满期保险金

7. 在我国，一般情况下以被保险人死亡为给付保险金条件的合同，自合同成立或者合同效力恢复之日起两年内，被保险人自杀的，且自杀被保险人并非无民事行为能力的人，保险人承担责任的情况是（　　）。

A. 承担给付保险金的责任　　B. 不承担给付保险金的责任

C. 承担给付保险金额 50% 的责任　　D. 承担给付保险金额 80% 的责任

## 二、判断题

1. 人寿保险的被保险人或受益人对保险请求给付保险金的权利，自其知道保险事故发生之日起 2 年内有效。（　　）

2. 保险理赔基本原则是重合同、守信用，公平、从实、效率原则。（　　）

3. 大部分案件进行第二现场查勘，道德风险高。（　　）

4. 核损人员只要逐级签署核损意见即可。（　　）

5. 人员伤亡赔偿中，死亡补偿费需提供医院诊断证明。（　　）

## 三、案例分析

1. 朱先生以其未婚妻韩某为被保险人，向保险公司投保人寿险，保险公司经审核后同意承保，并向签发了保险单。此保险单中写明：投保人与被保险人（韩某）关系为配偶；保险种类主险为某人寿，保险金额为 20 万元，保险费 14960 元，保险期为终身；附险为意外伤害医疗。

第二年朱先生与韩某解除恋爱关系后，向保险公司提出解除保险合同并返还保险费的请求，双方因返保中应扣除手续费的比例问题而产生纠纷。

问保险公司该不该赔偿？

2. 小强在学校投保了保险金额为 3 万元的学生人身意外伤害保险。寒假去海南岛旅游，又投保了保险金额为 10 万元的旅游人身意外伤害保险。同时，乘坐班机，还购买了保险金额为 20 万元的航空意外伤害保险。飞机起飞后因异常天气坠毁，小强不幸遇难。如果所有保险的受益人指定为同一人。

问：小强的家人能获得多少保险金，人身保险是否也遵循损失补偿原则？

3. 2003 年，轰动香港娱乐界的新闻是天后级大姐大——梅艳芳的陨落。而事隔一年之后的 2004 年，轰动香港保险界的传闻也与这位巨星密切相关。

原来，梅艳芳在其演艺事业高峰时期的 1990 年前后，便买了一份 2000 万港元的高额保险。而据媒体报道，早在 2002 年，顾家孝顺的梅艳芳得知自己子宫颈长出肿瘤后，为免母亲日后失去依靠，便找保险界朋友又买了一份保额高达 1000 万港元的保险。但在购买第二份保额 1000 万港元的保险时，梅艳芳可能顾虑自己的巨星身份，先前一直未将病情公开，治病也在高度保密的情况下进行，因为怕患癌的秘密泄露而没有在保单上如实申报病情。2003 年，梅艳芳去世后，便传出保险公司拒赔 1000 万港元保险金的消息。

问：你知道保险公司拒赔的理由吗？

4. 王某于 2001 年 10 月向某保险公司投保了一份生死两全保险，被保险人为本人，受益人为其妻李某。

2003 年 1 月，王某经医院诊断为突发性精神分裂症。治疗期间，王某病情进一步恶化，终日意识模糊、狂躁不止，最终自杀身亡。事发之后，妻子李某以保险合同中列明“被保险人因疾病而身故，保险人给付死亡保险金”为由向保险公司提出给付死亡保险金的索赔要求，而保险公司则依据《保险法》第六十六条的规定，以死者系自杀身亡，且自杀行为发生在订立合同之后的两年之内为由，拒绝了周某的索赔要求，只同意退还保险单的现金价值。

问：保险公司拒赔理由是什么？拒赔是否合理？

## 任务二
## 团体人身保险理赔业务

### 任务描述

对被保险人发生风险事故后，企业负责人向保险公司提出的索赔申请，保险人按照保险合同的约定审核保险责任，决定是否赔付并计算赔付金额、缮制赔案的处理过程。

## 工作情景

1. 活动地点：保险模拟教室。
2. 角色分配：接案员、理赔员、核赔员。
3. 有关业务：
(1) 接案时调出保单信息，填写《保险金给付申请书》。
(2) 审核有关理赔手续资料。
(3) 录入保险教学软件系统立案。
(4) 理赔单证核赔。
(5) 录入保险教学软件系统理赔计算。
(6) 赔付结案。

## 业务分析

1. 企业员工发生保险事故后，企业负责人需要及时拨打保险公司的客户服务电话，需在3日内向保险公司报案。

2. 保险公司审核理赔所需手续和资料。

3. 保险公司在所有单证齐全的情况下，在7日内会做出结案通知，并通知被保险员工或受益人，凭本人身份证和户籍证明到保险公司领取赔款。

## 业务流程

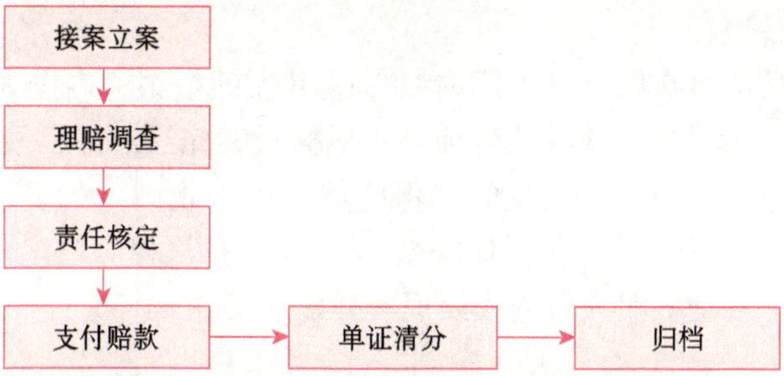


图4-2-1

## 业务实施

### 步骤一　接案立案

#### (一) 报案登记

内勤人员在接到报案人出险通知后，应重点询问报案人情况（报案人姓名、联系地址及电话、与出险人关系）、保险情况（被保险人的姓名、保险单号、险种名称）、出险情况（出险时间、地点、原因、经过、伤害程度及采取措施）等要素，并记入《报案登记簿》。

### （二）填写《保险金给付通知书》的要求

1．同一被保险人分别投保几个不同险种的伤亡案件，应按“一险一案、分险处理”的原则，要求申请人分险填制保险金给付通知书。

2．投保单位作为索赔申请人，应由被保险人或其受益人签章确认。

3．被保险人、受益人作为索赔申请人，保险金给付通知书需盖有投保单位公章。

4．同一事故造成多个被保险人伤亡的，需分别填写《保险金给付通知书》。

5．索赔申请人应在保险金给付通知书上注明联系地址、电话及与被保险人关系，并签名盖章。

### （三）查抄单底

内勤人员根据报案记录，应及时抄单。同时，还必须核实有效保险合同的交费记录。抄单完毕，应在抄单底上注明抄单日期、加盖私章，并经复核人员复核签章。出险仅涉及投保单位部分被保险人的，应在抄单上注明“团体投保，仅抄录出险被保险人名单”字样，但理赔人员在调查案发经过的同时，要向投保单位核实是否属正式在册人员。

### （四）核对报案记录

抄单后，内勤人员应认真与报案记录和保险金给付通知书内容详细核对，如被保险人名称是否相符、出险日期是否在保险期间内、出险原因是否属于保险责任范围等。

### （五）立案登记

在审核各项内容后，对在保险有效期内属保险责任的报案，内勤人员应及时在“报案登记簿”上编号立案。编号应反映具体险种，并根据报案先后顺序，冠以各地简称及年份。立案编号应以总公司电脑部门统一编发的“保险单证编号规则”的要求分别编制。立案编号后，内勤人员应将已编案号填写在“保险金给付通知书”相应栏内，送业务负责人签注处理意见后，与抄单一并交核赔人员签收处理，并建立案卷。

### （六）重大案件上报

根据授权经营管理规定，对于超出本级理赔权限的案件，应及时上报上级公司，并按照上级公司的指示办理。

## 步骤二 理赔调查

对于保险责任范围内的事故，理赔调查人员应在充分把握承保情况的前提下，做好理赔调查。理赔调查要坚持两人同时查勘，并根据调查情况缮制理赔调查报告。理赔调查主要有以下内容：

1．查明出险时间、地点及原因。查明出险时间：了解事故发生的具体时间，是判定是否承担保险责任的重要因素，特别是对接近保险起讫期出险的案件，应慎重查实。查清出险地点：在接到出险报案时，承保公司应视情况确定是否派员赴现场查勘，但对涉及重大人身伤害事故的案件，应立即派员赴现场查勘。如保险事故发生在异地，承保公司因故不能前往现场查勘，应迅速通知被保险人代表到当地的保险公司报案，请求代查勘。凡是与案情有关的重要情节，都要尽量收集、记载，以反映事故全貌。对重大复杂的或有疑问的损案，要走访有关现场见证人或知情人，弄清真相，做出询问记录，记明询问日期和被询问人地址，并由被询问人签字。

2. 现场拍照。凡涉及较重大案件或有疑问的案件，查勘人员应进行必要的现场拍照。

3. 搜集有关单证。根据查勘情况，请被保险人按照保险条款的要求提交事故证明、死亡伤残证明、医疗证明、药费单据（如有附加医疗险的）等证明材料。涉及诉讼或仲裁的，应进一步调查并获取法庭抗辩时所需的其他材料。

4. 估计伤亡情况。详细了解被保险人的诊治过程，查清被保险人的伤残部位、伤残程度，对索赔申请人向保险人提供的索赔清单中所列明的伤亡情况，逐项核实，概算给付金额。

5. 缮制《理赔调查报告》。《理赔调查报告》是判定给付责任和计算保险金的依据。缮制《理赔调查报告》要做到编制及时、项目齐全、内容完整、准确。对核查伤亡的《调查记录表》，应由被保险人代表及查勘人员共同签章，作为《理赔调查报告》的附件。

## 步骤三　责任核定

责任核定是理赔工作的重要环节。理赔人员应根据理赔调查报告、鉴定报告和有关证明材料，依照条款及合同约定，确定事故是否属于保险责任范围。团体人身意外伤害保险的保险责任必须根据条款列举的责任范围和责任免除来确定应赔或拒赔。注意掌握以下几点：

1. 出险时保险合同是否有效。如保险合同是投保人以欺骗手段订立的、投保人对被保险人没有保险利益、投保人未按照约定及时交付保险费等，保险人可不承担保险责任。

2. 发生意外伤害事故是否真实。

3. 意外伤害事故发生时间是否在保险期间内。

4. 意外伤害事故是否属于保险责任。只有当意外事故发生的近因是保险责任时，保险人才负责给付。

例如，被保险人王某骑车被卡车撞倒，造成伤残并住院治疗，在治疗过程中王某因急性心肌梗塞而死亡。由于意外伤害与心肌梗塞没有内在联系，心肌梗塞并非意外伤害的结果，故属于新介入的独立原因，心肌梗塞是被保险人死亡的近因，不包括在意外伤害保险的责任范围，因此在被保险人的保险金给付处理上，应比照身体健康者遭受同种意外伤害会造成何种后果决定保险金的给付，而不能按照保险金额和被保险人的最终后果给付保险金。

知识补充

直接原因：直接造成标的的损失、伤亡的原因。

近因：引起保险事故发生而导致损失或伤亡结果出现或扩大的主要与有效的原因。

按近因原则，如果近因是保险责任，保险公司给予赔偿，否则保险公司不予赔偿。

5. 索赔申请人所提供的索赔单证是否完整、真实、有效。对于证明材料不完整或效力不足的理赔申请，应向申请人发送《理赔补充资料通知书》，要求申请人及时补齐。

6. 索赔时效是否已经结束。根据《保险法》的规定，索赔申请人请求索赔的时效期为两年。被保险人向保险人正式提出索赔，是否在知道事故发生时起两年之内。超过两年的，保险人不负赔偿责任，但若在有效索赔期内发生诉讼活动，而结案时间超过有效索赔期的不受此限制。

【温馨提示】

索赔与报案不同，索赔时效虽为两年，但索赔申请人在被保险人发生保险事故时通知保险人的义务不能因而免除，仍应按保险合同的规定履行。投保人或被保险人对保险事故的报案，并不意味着被保险人提出了正式索赔，必须出具《保险金给付通知书》，才能视为有效索赔。

7. 出险人是否存在伤残观察期。如有观察期的，理赔人员应主动通知索赔申请人，以便及时结案。

8. 被保险人职业或工种危险性是否已发生变化。被保险人出险时所从事的职业危险性增加且事先未向保险人做变更通知的，如变更的职业属于保险人职业分类表的可保职业，保险人按其原交保险费与应交保险费的比例计算给付保险金。对不属于保险责任的案件，经慎重研究做出拒赔结论后，由经办人填写拒赔或注销案件报告表，由分管领导签批或报请上级公司核准后，向被保险人或受益人发出保险拒赔或注销通知书，并登记拒赔或注销案件登记簿。拒赔案件应给予被保险人或受益人有理有据的解释。

## 综合训练

### 一、单选题

1. 同一被保险人分别投保几个不同险种的伤亡案件，应按（　　）的原则理赔。

A. 一险一案　　B. 两险一案

C. 一险多案　　D. 多险多案

2. 内勤人员应认真与报案记录和保险金给付通知书内容详细核对，不包括（　　）。

A. 被保险人名称是否相符　　B. 出险日期是否在保险期间内

C. 出险原因是否属于保险责任范围　　D. 是否曾经多次理赔过

3. 根据《保险法》的规定，索赔申请人请求索赔的一般时效期为（　　）。

A. 一年　　　　B. 两年

C. 三年　　　　D. 四年

## 二、判断题

1. 投保单位作为索赔申请人，应由被保险人或其受益人签章确认。（　　）

2. 立案编号应以分公司自己编发的“保险单证编号规则”的要求分别编制。（　　）

3. 根据授权经营管理规定，对于超出本级理赔权限的案件，应及时上报上级公司，并按照上级公司的指示办理。（　　）

## 三、案例分析

某单位为全体职工投保了简易人身险，简易人身险条款规定的最高投保年龄为65岁，月交保险费30元。付某在投保时已有67岁，他隐瞒了真实年龄，登记为65岁，2005年11月12日生效。2007年5月，该单位职工付某因交通事故不幸死亡，他的家人带着单位开出的介绍信及相关的证明资料，到保险公司申领保险金。保险公司在查验这些单证时，发现被保险人付某投保时所填写的年龄与其户口簿上所登记的不一致，投保单上所填写的64岁显然是不真实的，故拒赔。

问：保险公司拒赔是否合理？

## 项目小结

- 项目四　人身保险理赔业务
  - 个人人身保险理赔业务
    - 步骤一　接案（生存调查）
    - 步骤二　受理（审核单证）
    - 步骤三　立案（再次审核单证）
    - 步骤四　审核（防控风险）
    - 步骤五　核保（事后的风险控制）
    - 步骤六　结案（正常支付、拒付、协议给付）
  - 团体人身保险理赔业务
    - 步骤一　接案立案（做相关登记，资料的审核）
    - 步骤二　理赔调查（出险的真实情况）
    - 步骤三　责任核定（是否符合保险责任范围内）

## 评 价

明星是 5 颗☆　　勇士是 3 ~4 颗☆　　菜鸟是 2 颗☆以下

| 项目 | 知识掌握能力 | 知识运用能力 | 学习热情程度 | 回答问题表达能力 | 合 计 |
|---|---|---|---|---|---|
| 自评 | | | | | |
| 同学评 | | | | | |
| 老师评 | | | | | |
| 合计 | | | | | |

# 项目五
# 5 人身保险客户服务业务

## 学习目标

- □ 熟悉接待客户咨询的基本程序、客户回访的基本内容、孤儿保单的接收程序及后续服务内容，接待理赔报案的程序，接待客户投诉的基本程序
- □ 掌握客服人员的基本接待礼仪、电话接听礼仪、与客户交谈的基本技巧、稳定投诉客户情绪的方法
- □ 会操作接待咨询的话术、接待登记表的填写方法、客户回访的话术、接收孤儿保单的话术、受理投诉的话术及投诉登记的方法

### 导入案例

保险公司客服人员小林今早接待了一位上门咨询人身保险业务的客户李先生，通过热情、礼貌的接待服务小林获得了较为详细的客户资料并进行了登记，为下一步销售人员开展工作打下了良好的基础。

保险属于一个特殊的服务行业，它较一般的商品销售行业服务性更强。保险表面上买卖的是一纸合同，其实质交易的却是一种服务。严格地说保险客户服务是指保险人在与现有客户及潜在客户接触的阶段，通过畅通有效的服务渠道，为客户提供产品信息、品质保证、合同义务履行、客户保全、纠纷处理等项目的服务及基于客户的特殊要求和对客户的特别关注而提供的附加服务内容，包括售前、售中和售后服务。

保险人与被保险人之间的主要关系，就是服务与被服务的关系，服务贯穿于整个保险活动中，是保险的生命。服务质量的好坏、服务水平的高低决定着保险公司的兴衰存亡。要客户购买保险就必须要他信任保险公司，要他信任保险公司就必须要他先感受到保险公司全面贴心的专业服务。

## 任务描述

人身保险客户服务业务就是通过为购买人身保险的客户提供售前、售中、售后的“全程服务”使客户对保险公司建立并巩固信任感，在客户群中建立起良好的信誉。

## 工作情景

1. 活动地点：保险模拟教室的咨询台或客户接待室。
2. 角色分配：柜台客服人员、电话客服人员。
3. 有关业务：

（1）接待上门客户，询问需要办理什么业务，适时销售。
（2）办理售后的回访电话。
（3）办理孤儿保单的保全服务，适时销售。
（4）接听理赔报案电话，填写报案记录。
（5）处理投诉电话。

## 业务分析

1. 接待客户咨询时，主动询问来往客户有何需要，并尽可能搜集客户的有效信息，一定要留下联系方式，以便以后为客户提供服务。
2. 对客户进行电话回访，了解业务进展情况及客户对服务的满意度。
3. 接收“孤儿保单”，通知客户更换保险代理人。
4. 接待理赔报案，为客户进行报案登记，并通知相关注意事项。
5. 接待客户投诉，对投诉事项进行登记和初步处理。

## 业务流程

接待客户 → 电话回访 → 接受孤儿保单 → 理赔报案 → 受理投诉

图 5－1

# 步骤一　提供业务咨询

### （一）提供业务咨询的程序

接待客户 → 定位客户需求 → 消除沟通障碍 → 选择沟通模式 → 登记客户信息

图 5－2

### （二）正确定位客户需求

1. 与新客户接触时要掌握的基本技巧。把握好客户的需求，这是最基本的。你开发一个新客户，就是要了解这个客户的基本情况。例如，客户需要的是什么，他是做什么的，他每个月会消耗多少，是不是固定的，还是根据情况有所变化。要了解这些，你最直接的途径是与客户进行语言交流。

2. 把握客户对产品侧重点的方法。在全面了解客户情况的同时还要看好你客户的侧重点。了解了客户的需求，下一步你就要和客户接触，在刚接触的时候，先不要急着向客户推销自己的产品，你应该在这个时候，旁敲侧击地去了解客户对产品的侧重点。因为在这个信息发达的今天，一切都是透明的，在这种情况下，你就应该了解价格对你的客户到底有多大的影响，他是不是看中每一点利益，还是不太在乎一点点的利润，比如说几十块钱。

### （三）消除沟通障碍

虽然谈话是很简单，但是沟通意味着与别人的意见交流或是共享，这需要更高的技巧。与人交流要求我们巧妙地听和说，而不是无所顾忌地谈话。而与那些充满畏惧的人、怒火中烧的人或是遭受挫折的人交流就更难了，因为在这种情绪的控制下，我们会更加束手无策。但无论是在家里或是工作中，不要对自己在沟通上的障碍感到绝望或是放弃！再好的交流家也是一点儿一点儿磨练出来的。

在工作中我们常用的谈话技巧可归纳为以下几种：

1. 对事实或感受做正面反应，不要有抵触情绪。

例如说“多告诉我一些你所关心的事”或是“我了解你的忧虑”总比说“喂，我正在工作”或“这不是我分内的事”（这很容易激怒对方）要好。掌握好每一次的交流机会，因为很多时候你可能因为小小的心不在焉而导致你与别人距离的疏远。

2. 人们更想听到你是否赞同他们的意见。

好多人在抱怨人们不听他们说话，但是他们忘了自己本身也没有听别人讲话！你可以给出你的全部意见，以表示你在倾听。

例如，你可以这样说：

（1）“你所关心的某某事是怎么回事啊？”

（2）“我对你刚才说的很感兴趣，你能告诉我是什么导致你对人寿保险这样感兴趣吗？”

（3）“你为什么对某某保险产品如此感兴趣？”

3. 记住别人说的和我们所听到的可能会产生理解上的偏差，我们个人的分析、假设、判断和信仰可能会歪曲我们听到的事实。

为了确保你真正了解，重说一遍你听到的、你的想法并问：“我理解的恰当吗？”如果你对某人说的话感到模棱两可，就直接说出来，并询问更多的信息，例如“我可能没有完全理解你的话，我以我自己的方式来理解的，我想你所说的就是某某某的意思吧，我理解的对吗？”

4. 提高你的听力技巧。

好多人认为他们的听力很好，但事实是大多数的人根本就没听，他们是在想下一步该说什么。倾听意味着提出好的问题，排除杂念，比如：下一步该说什么、下一个该见谁、外面怎么了之类的。

5. 为了改进人们的沟通，应提倡“积极地倾听”，所谓积极地倾听是积极主动地倾听对方所讲的事情，掌握真正的事实，借以解决问题，并不是仅被动地听对方所说的话。

客户倾诉时懂得中间点点头、恰当地拍拍手，恰似吃东西时略放点酱油，肯定会令食物更为可口。如果您要成为服务行业杰出的人，一定要在倾听方面下功夫。客户不开口，您的服务没到位。

6. 用信号表明您有兴趣，可以用下列方式表明您对说话内容感兴趣：

（1）保持视线接触：聆听时，必须看着对方的眼睛。人们判断您是否在聆听和吸收说话的内容，是根据您是否看着对方来做出的。

（2）让人把话说完：让人把话说完整并且不插话，这表明您很看重沟通的内容。人们总是把打断别人说话解释为对自己思想的尊重，但这却是对对方的不尊重。

（3）表示赞同：点头或者微笑就可以表示赞同正在说的内容，表明您与说话人意见相合。人们需要有这种感觉，即您在专心地倾听。

（4）全神贯注：把可以用来信手涂鸦或随手把玩等使人分心的东西（如铅笔、钥匙串等）放在一边，您就可以免于分心了。人们总是把乱写乱画、胡乱摆弄纸张或看手表解释为心不在焉——即使您很认真也是如此。

（5）放松自己：采用放松的身体姿态（如把头稍偏向一边，或把身体重心偏向一边），就会得到这样的印象——他们的话得到您完全的关注了。所有这些信号能使与您沟通的人判断您是否正在专心听取他们说的内容。

### （四）采用适当模式与客户沟通

1. 三种不同的沟通模式——礼貌待客式、技巧推广式、个性服务式。

为了更好地理解这三种模式，下面举一个简单的例子。有一个奶制品专卖店，里面有三个服务人员，小李、大李和老李。当您走近小李时，小李面带微笑，主动问长问短，一会儿与您寒暄天气，一会儿聊聊孩子的现状，总之聊一些与买奶无关的事情，小李的方式就是礼貌待客。

而大李呢，采取另外一种方式，他说，我能帮您吗？您要哪种酸奶？我们对长期客户是有优惠的，如果气温高于30℃，您可以天天来这里喝一杯免费的酸奶。您想参加这次活动吗？大李的方式是技巧推广式。

老李的方式更加成熟老到，他和您谈论您的日常饮食需要，问您喝什么奶，是含糖的还是不含糖的？也许您正是一位糖尿病人，也许您正在减肥？而老李总会找到一种最适合您的奶制品，而且告诉您如何才能保持奶的营养成分。老李提供的是个性化的沟通模式。

2. 运用沟通模式的注意事项。

（1）客户服务人员所使用的非语言服务是否始终与语言服务保持一致。如果二者是一致的，这三种模式就会起到非常好的效果。有些研究表明，技巧推广式更能为企业带来效益。但是，如果提供的语言和非语言服务信息不一致时，客户则倾向于相信非语言反映出来的服务信息。也就是说，如果客户服务人员被训练得看起来礼貌待客，但可能身体语言流露出了他内心里并不喜欢他的工作，也不喜欢与客户打交道，那么礼貌待客就失去了意义。同样，技巧推广式也会由于客户服务人员的不友善或漫不经心而达不到预期效果。只有个性化服务才能足以将语言及非语言信息完美结合，这是客户服务人员与客户因长期交流而建立起深层关系的缘故。

(2) 客户服务人员最重要的口头沟通是开场白和结束语。因为人们在沟通时易于记住刚开始和最后发生的事情。所以客户服务人员与客户沟通时，要特别注意开始时的礼貌寒暄和最后的结束语。

(3) 礼貌待客讲究即时应对，包括时间即时、空间即时和语言即时。所谓时间即时就是说向走进来的客户及时打招呼。如，只要客户向销售窗口走近 1 米之内，就要在 5 秒钟之内打招呼以便让客户感受到您的热情接待。空间即时就是在距离上接近客户。接近的程度要根据各地的文化背景不同而有所区别。语言即时就是客户以不同方式表示出有问题时，能够迅速应答，而不能说“那不是我部门的事”或者“我不是您要找的人”，很小的语言差异往往导致完全不同的结果。所以最好使用积极的语言，如“咱们一起来看看是什么问题”，就比使用被动语言“这个问题是得琢磨琢磨”要有礼貌得多。

(4) 对于技巧推广式，调查人员列出至少 15 种以上的方式来掌握客户与客户服务人员的沟通技巧。如承诺、威胁、荣誉感、积极的尊重、消极的尊重等等，都与人性的弱点有关。客户服务人员要充分了解人性的特点并把它们融入销售语言中，激发起消费者被喜爱、不能错过交易、眼光独到、时髦入流等心理期待。

### （五）登记客户信息

当客户提出问询时，客服人员不仅要礼貌地回答，而且应尽量避免使用“也许”、“可能”、“大概”之类语意不清的词语。如果遇到我们不太清楚或需要提供后续服务的情况，可以暂时登记客户的信息及问题的内容，待想办法搞清楚答案后再给客人以清楚明确的回答。

**案例分享**

客户询问××保险产品应如何购买？

客服人员：对不起，先生，我们公司有严格规定，客服人员不能直接销售保险产品。请问您是否方便留下您的联系方式，我会为您进行一个简单的登记并安排销售部的人员为您提供专门的服务。

客服人员：以下内容逐项询问客户，并进行登记。

如表 5-1，为客户咨询登记表，主要留下客户资料，以便将来进行服务。

**表 5-1**

| 客户姓名 | 性别 | 年龄 | 职业 | 住址 | 电话 | 咨询内容 | 接转部门 |
|---|---|---|---|---|---|---|---|
| | | | | | | | |
| | | | | | | | |

## 步骤二 电话回访

在日常生活中我们经常接触到“电话回访”服务，但对电话回访的真正概念以及正确的方法领悟，需要我们更深地理解。

电话回访在概念上是很广义的，确切地说电话回访对我们而言应该叫作电话销售，是随着消费者为主导的市场形成的、以电话为手段的销售手法。

我们在前期的工作中通过各种途径积累了大量的客户档案，但是往往很多员工并没有真正地感觉到顾客档案的价值，没有很好地利用、挖掘，造成大批的有价值的客户流失，在此情况下电话回访成为一种有效的补救措施。

### （一）电话回访工作步骤

**图 5－3**

### （二）准备进行“电话回访”

1. 心态上的准备。一份工作、一件事情如果不用心，则不能成功。何为用心，即：

（1）态度诚恳、认真。

（2）自信的心理：只有做到“相信公司、相信产品、相信自己”才可以树立强大的自信心理。

（3）用爱去干事。

2. 打电话的基本动作：坐姿端正，左手持听筒，右手拿笔，准备好客户档案和记录本。

### （三）拨通电话，问候客户并进行自我介绍

电话接通后应先说明自己的身份以消除客户的不信任感。例如“您好！我是××保险公司客户服务部的××，打扰您几分钟可以吗？”

注意：电话接通后的第一句“开场白”是非常重要的，应当包括对客户的问候、对自己身份的介绍、对客户时间方便与否的询问等内容。

### （四）与客户沟通，了解客户对安排的保险代理人及公司产品的评价

1. 了解客户与保险代理人的接触情况。例如“请问我们公司安排的保险代理人有没有跟您联系？”

2. 了解客户成交情况。例如“您对保险代理人推荐的产品是否有兴趣？”

注意如果客户没有成交并说起价格高或者其他方面的话题，致使谈话有些尴尬时，应把主要责任承担在自己身上，例如说“是这样的，可能是我上次没跟代理人交代清楚您想要的产品是×××样的，价位大概在×××。”对于话题扯远的客户应进行其优点的开发，对其进行

有效的肯定和称赞，逐渐从家庭、亲人的责任感方面引入健康的理念，从而将话题拉回主题。

3. 了解客户对保险代理人的满意度。例如“您对公司安排的保险代理人是否满意?”

4. 了解客户对公司服务的意见。例如“请问您对我们公司的服务有什么建议吗?”

### （五）记录并复诵回访要点

对每个客户的回访都要做好详细的记录，记录内容应包括：客户姓名、回访时间、主要访谈的问题及客户的答复、未了事项的处理（如约定回复客户某些问题）等。在结束回访前应对记录的主要问题尤其是约定事项进行核对。

### （六）感谢客户，并礼貌结束回访

例如“谢谢您对我工作的支持，对于保险方面的问题，您可以随时打电话找我，我的电话是×××××，好，那我们先聊到这里？与您聊天真是开心，希望能为您服务，祝您工作顺利、身体健康!”

### （七）新单电话回访话术举例

1. 明示身份：“我是××保险公司的电话回访人员，我的工号是×××”

2. 提示产品及购买渠道：“感谢您近期通过××银行（销售员）购买了我公司的××保险产品，为了维护您的权益，现在向您做一次服务回访。”

3. 确认签名情况：“请问您是否收到了正式的保险合同？请问保险合同回执、投保单和投保提示书的签名都是您和被保险人（或被保险人监护人）亲笔签名的吗?”

4. 确认对条款内容的了解：“请问投保时您是否了解这个保险产品的合同条款，特别是保险责任、责任免除（除外责任）等相关内容?”

5. 重点提示保险期间、缴费期限：“您所购买的×××保险产品的保险期限是××年，是一次性缴费/缴费期限是××年，您需要每年/半年/月缴纳保费××元。”

6. 重点提示犹豫期权利：“从您签收正式保险合同之日起有10天的犹豫期，在犹豫期内您可以无条件地解除保险合同，我公司只收取19元成本费。犹豫期后解除保险合同您会有一定的损失。”

7. 人身保险新型产品特别提醒：您所购买的分红保险的红利分配是不确定的，您看到的高、中、低档次分红演示是一种假设，不代表未来的实际收益。

## 步骤三　处理“孤儿保单”

**知识链接**

“孤儿”保单服务是指因为原营销人员离职而需要安排人员跟进服务的保单。“孤儿”保单服务包括保全服务、保单收展服务和全面收展服务三种。

### （一）“孤儿保单”接手步骤

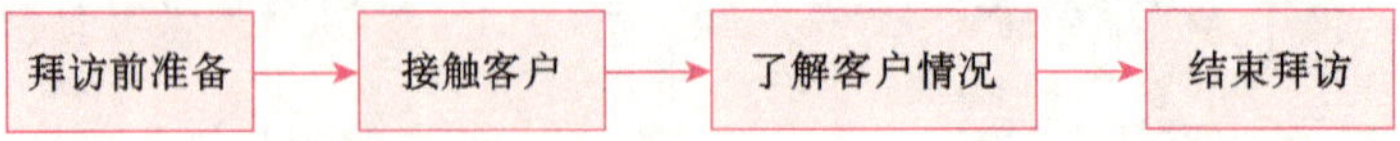


图5－4

### （二）进行拜访前的准备

1. 了解“孤儿保单”的具体情况。目前多数保险公司都存在着大量的“孤儿保单”。事实上“孤儿保单”的形成原因很复杂，现在我们把主要成因归纳如下：

（1）离开公司的代理人所做的保单。

（2）客户不满意原代理人服务投诉要求更换代理人的保单。

（3）因公司辞退人员遗留的保单。

（4）现职代理人自愿放弃的“弃收单”。

这些保单往往不同程度地存在着信息不完整、不准确等问题。有些甚至是前任代理人受利益的驱动，诱导、误导甚至欺诈保户签订的问题保单。还有相当一部分属于“三无”保单，既无联系电话、又无家庭住址、也无工作单位，形成无法联络的呆滞单，更为严重的是有些保单的承保对象是非标准体而又未履行如实告知义务。承保质量的高低直接影响公司的经营效益，保单信息的管理质量又直接影响续期保费的收缴。因此，必须及时与客户沟通，送发《代理人变更通知书》，并对原保单信息进行核实。

2. 查明“孤儿保单”的状态。接手“孤儿保单”首先要明确客户的保单是否有效，如果已经失效，应确定是宽限期内失效还是永久失效。现在许多客户虽然买了保险但对自身的权益和保险公司的运作了解得很少，有些人盲目投保，保费缴付额超出了自己实际经济承受能力，造成续期缴费困难。

有些是前任代理人诱导、误导客户参保，客户极度不满，无心再缴纳续期保费。

还有些代理人把自己的亲戚朋友动员投保，客户碍于情面投保，前任代理人离去，便找借口退保。

弄清保单失效的原因，便于积极稳妥地解决好失效保单。对于宽限期的失效保单，可以办理减额缴清或尽快复效手续，对于已经永久失效的保单和不可能复效的“垃圾单”应尽快予以退保。

3. 对客户持有的保单做全面地分析，以方便后期的跟进。“孤儿保单”的客户有购买保险的历史，加保的可能性很大。作为保险从业人员我们都有一个常识就是，客户的保险需求是在不断变化的。当我们接手“孤儿保单”后，我们应该在对客户的个人及家庭情况进行深入了解的基础上，对客户所拥有的保单进行全面的评估，适时为他们调整保险投资规划，使客户的权益能够得到真正意义上的保障。

此外，通过接收“孤儿保单”，做好这些客户的售后服务，可以认识更多人，这也是一个拓展业务的好机会。

### （三）通过接收“孤儿保单”的售后服务进行展业

1. 热情有礼的问候客户。

2. 自我介绍：秉明公司名称及自己姓名并将名片双手递上，在与客户交换名片后，对客户抽空见自己表达谢意。如“我是××保险公司的××，这是我的名片，谢谢您能抽出时间让我见到您！”

3. 解释更换保险代理人的原因并承诺自己今后将提供的服务。这一环节是本次拜访的重点，更换代理人不管是什么原因，客户都会存在一定的不安，担心自己的权益得不到保障，因此要真诚地向客户表示自己会认真负责地向客户提供服务。

4. 提出本次拜访的议程并约定时间。在结束初次拜访时，业务员应该再次确认一下本次拜访的主要目的是否达到，然后向客户叙述下次拜访的目的、约定下次拜访的时间。

### （四）与客户沟通，了解客户情况

1. 了解客户当前的基本情况（最好预先准备一份客户基本情况调查表）；

2. 核对自己负责的保单情况并进一步了解客户拥有哪些保险；

3. 为客户提出一些处理问题保单的建议；

### （五）结束拜访，礼貌告别客户

1. 对本次谈的要点进行总结并确认。例如“我们今天主要交流了……几个方面的问题。”

2. 为客户留下自己的联络方式。

3. 要求客户在《代理人变更通知书》上签字确认。

4. 礼貌向客户告别。告辞时要同主人和其他客人一一告别，说“再见”、“谢谢”；主人相送时，应说“请回”、“留步”、“再见”。

## 步骤四　接待理赔报案

人们购买保险产品的初衷往往是为了在万一发生风险时能够获得经济上的补偿，而这种补偿一般要通过保险理赔来实现。从法律上讲，保险理赔是指在保险标的发生保险事故而使被保险人财产受到损失或人身生命受到损害时，或保单约定的其他保险事故出现而需要给付保险金时，保险公司根据合同规定，履行赔偿或给付责任的行为，是直接体现保险职能和履行保险责任的工作。

保险公司在出险后依据保险合同约定向保户理赔有两种方式：赔偿和给付。

赔偿与财产保险对应，是指保险公司根据保险财产出险时的受损情况，在保险额的基础上对被保险人的损失进行的赔偿。保险赔偿是补偿性质的，即它只对实际损失的部分进行赔偿，最多与受损财产的价值相当，而永远不会多于其价值。给付与人身保险对应，人身保险是以人的生命或身体作为保险标的的，因人的生命和身体是不能用金钱衡量的，所以，人身保险出险而使生命或身体所受到的损害，是不能用金钱赔偿的。故在出险时，保险公司只能在保单约定的额度内对被保险人或受益人给付保险金。即人身保险是以给付的方式支付保险金的。受理报案的方式有电话、上门、传真等方式，电话报案最为普遍。

受理报案步骤：

图 5－5

### （一）接待报案客户

1. 受理报案登记流程。

图 5－6

受理报案就是保险标的发生保险事故后，被保险人要立即通过口头或函电方式通知保险公司，保险客服的理赔人员在接到出险通知后，应及时填写“出险登记簿”。

一般来讲，报案是保险公司理赔过程中的重要环节，它有助于保险公司及时了解事故情况，必要时可介入调查，尽早核实事故性质。

2. 初步了解报案事项，根据保险合同的要求及事故情况，告知或提醒申请人所需准备的材料，并对相关材料的收集方法及途径给予指导。

3. 提醒客户发票等各种索赔材料要提供原件，复印件无效；

4. 如果报案属不能受理的事件，一定要耐心、细致地向客户解释清楚原因。

### （二）审核报案时间

1. 保险理赔报案时间的法律规定。《保险法》规定：“投保人、被保险人或者受益人知道保险事故发生后，应当及时通知保险人。”保险合同中一般有“保险事故通知条款”，对报案时间进行限制。不同险种、不同保险公司的报案时间不同。

报案时间的具体规定：

（1）车险有比较统一的规定，要求车险出险后在 48 小时内报案，否则保险公司有权不予赔偿。车辆丢失，被保险人应及时向出险地的公安部门报案，并在 24 小时内向保险公司递交“出险通知书”。家庭财产保险条款规定，被保险人必须在知道保险事故发生后，保护好现场，并在 24 小时内通知保险公司。

（2）在寿险中，一般要求出险后 10 天内通知保险人，各家保险公司对报案时间的限制各有不同。

例如，中意人寿在条款中明确规定，意外险、定期及终身寿险应在知道保险事故发生后 5 日内报案，健康保险的报案时间在 7 日内，重大事故应立即报案，以免延误查勘时机，影响理赔时效；友邦的现行寿险产品中只有“康福险”明确提出要在出险后 10 天内进行报案，而其他产品尚未规定报案时间限制；太平洋“喜洋洋”消费借贷定期寿险规定的报案时间为7天；平安的定期、终身寿险中除了“永福”终身寿险产品不作要求，其余报案时间限制为5天；中国人寿的定期终身寿险报案时间为10天。作为客服人员，一定要熟知保险公司各类保险规定的报案时间。

2. 延迟报案的规定。出险后及时报案是被保险人的法定义务，对于保险理赔极为重要。一方面，可以采取必要的措施，防止损失的继续扩大；另一方面，可以及时勘查现场，调查损失发生的经过，确定损害发生的原因和程度，搜集证据，正确、迅速地理赔。

作为客服人员我们也应该知道，如果客户错过了规定的报案时间，也可以补报案，保险公司视具体情况决定是否接受报案。补报案可以通过拨打各家保险公司的客户服务电话的方式，办理报案登记手续。

但保险公司提醒投保人：补报案之后，保险公司仍会到现场勘查核实，根据理赔部门的调查，公司有权质疑现场，拒绝赔偿。在寿险的条款中，一般规定投保人、被保险人或受益人应承担由于通知迟延致使保险人增加的勘查、检验等项费用；但因不可抗力导致的迟延除外。

因此，补报案只是不得已而为之的事情，会给双方造成很多麻烦，出险后及时报案尤为重要。

### （三）核定报案人资格

理赔报案人可以是：

1. 投保人、被保险人或受益人或其亲属。
2. 代理人。
3. 当事人所在单位。
4. 其他受委托人。

### （四）进行报案登记

受理客户的报案应登记的基本内容：

1. 出险人所持有保单的险种、保单号等。
2. 报案人姓名、与被保险人关系、报案人联系地址、电话、其他联系方式，如果是业务人员报案，还应提供业务员号。
3. 出险人姓名、性别、年龄、身份证号码、身份（是投保人还是被保险人）。
4. 出险时间。
5. 出险情况（包括出险时间、出险地点、事故原因、出险经过、出险结果等项目出险地点、就诊医院）。

## 步骤五 投诉处理

投诉处理业务流程：

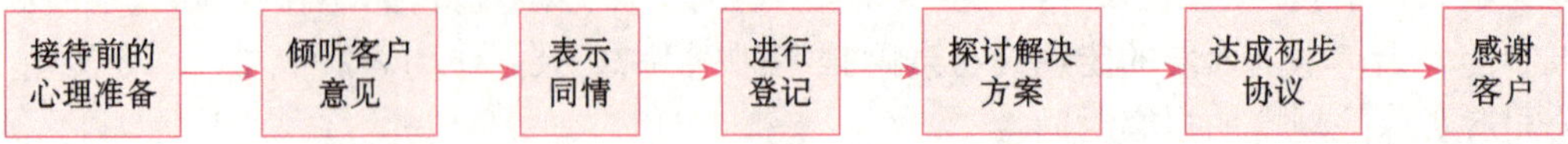


图 5－7

### （一）接待客户投诉前的准备

从事投诉接待工作应有的工作态度：

1. 诚实、诚恳、诚心诚意。诚实、诚恳、诚心诚意其实就是最好最有效地解决客户投诉的方法与技巧。例如，我们在工作中经常会遇到客户因为没能及时领取到赔款而投诉，对于这类投诉人，投诉处理人应本着将心比心的态度来处理，给予充分理解。

即使投诉人情绪失控对投诉人处理人恶语相向，又或是把对其他工作人员、对保险公司的所有怨气都发泄到投诉处理人的身上，也不要过于计较。作为投诉处理人心胸必须宽阔。

2. 全程跟踪并督办，第一时间反馈处理进展或结果。从受理投诉开始，就要建立投诉档案，并做好跟踪与督办。

3. 调整好心态。要知道万能钥匙也有开不开的锁，积累开锁的方法，自然会增加成功开锁的几率。

良好的心理素质是投诉处理人的必备能力。不论遇到什么类型的投诉人，不论处理多么复杂的投诉案件，首先得让自己保持心态平稳。承受得起一切失败和阻碍。遇到困难不能依赖唯一的方法，要多方努力，最终有一个方法达到目的就是好方法。

例如，当我们试尽办法也无法取得投诉人的理解，那么不妨试试找到他的朋友、保险代理人等等，借助他们的力量，劝解投诉人“熄火”，即使没能完全化解矛盾，赢取时间也是一种胜利。

此外，对于公司内部的工作人员或销售人员代表保户投诉的现象，处理中切记不要恼怒，更不要直接转报上级，转移矛盾实质上是加深和扩大矛盾。应主动致电这位同事，了解代理投诉的原因及隐情，给予充分的理解和支持。甚至是给予感谢，因为从某种程度上来讲，这位同事还是相信投诉处理人的能力，没有直接向上一级部门进行投诉，说明其对公司的形象心存一丝顾及。再者也表明这位同事还是很重视保户服务工作，很想在公司工作下去，否则他（她）不会为这位保户主动承担投诉这样的事情。

4. 实事求是，不承诺兑现不了或自己能力以外的事情。处理投诉过程中必须实事求是，绝不能随意应付投诉人的要求。能做到的敢于承诺，承诺了就要兑现。有可能性却没把握的事情千万不要随口答应，最终做不到，会让投诉人希望破灭，从而引发更多的矛盾。

### （二）耐心倾听客户投诉

倾听是解决问题的前提。在倾听保户投诉的时候，不但要听他表达的内容，还要注意他的语调与语音（语气），这有助于客服人员了解客户语言背后的内在情绪。同时，要通过解释与澄清确保客服人员真正了解保户的问题。

例如，很多有经验的客服人员习惯在听了客户反映的情况后，根据自身的理解向客户复述一遍，以确保自己的理解准确无误。认真倾听客户，向客户解释他所表达的意思，并请教客户说明客服的理解是否正确，可以向客户显示客服对他的尊重以及客服真诚地想了解问题。

同时，这也给了保户一个机会去重申他没有表达清晰的地方。在听的过程中，要认真做好记录（所要表达的意思一定不能理解有误），注意捕捉保户的投诉要点，以做到对保户需求的准确把握，为下一步对症调解打好基础。

1. 倾听的基本技巧。

（1）积极主动地处理问题的态度。

（2）保持面带微笑。

（3）保持平静的心情和适合的语速音调。

（4）认真听取客户投诉，不遗漏细节，确认问题所在。

（5）让客户先发泄情绪。

（6）不打断客户的陈述。

2. 倾听过程中应注意的问题。

（1）表现出不耐烦的表情或不愿意接待客户的态度。

（2）同客户争执、激烈讨论、情绪激动。

（3）挑剔客户的态度不好，说话不客气。

（4）直接回绝客户或中途做其他事情、听电话等。

（5）推托或辩护的态度。

### （三）表示同情，学会换位思考

很多客户在投诉时会表现出烦恼、失望、泄气、发怒等各种情感，客服人员不应当把这些表现当作是对客服人员个人的不满。特别是当客户发怒时，客服人员可能心里会想："凭什么对着我发火？我的态度这么好。"实际上，客户仅是把客服当成了倾听对象。客户的情绪是完全有理由的，是理应得到最大的重视和最迅速、合理地解决的。所以需要让客户知道，客服人员非常理解他的心情、关心他的问题。

1. 表示同情的基本方法。

（1）善用自己的举止语气去劝慰对方，稳定客户较激动的情绪。

（2）站在客户的立场为对方着想。

（3）对客户的行为表示理解。

（4）主动做好投诉细节的记录。

2. 接待过程中应避免出现的问题。

（1）不做记录，让客人自己写经过。

（2）表明不能帮助客户。

（3）有不尊重客人的言语行为。

（4）激化矛盾。

### （四）询问客户并进行登记

询问过程中必须认真了解事情的每一个细节，然后确认问题的症结所在，并利用纸笔将问题的重点记录下来。如果对于投诉的内容不是十分了解，可以在客户将事情说完之后再问对方。不过在这些过程中，千万不能让客户产生被质问的印象，而应以婉转的方式请对方提供情况。

例如“很抱歉，有一个地方我还不是很了解，是不是可以再向您请问有关××××的问题”。并且在对方说明时，随时以“我懂了”来表示对问题的了解状况。

1. 学习询问客户的技巧。

（1）重复客户所说的重点，确认是否理解客户的意思和目的。

（2）了解投诉的重点所在，分析投诉事件的严重性。

（3）告诉客户我们已经了解到问题所在，并确认问题是可以解决的。

2. 询问客户过程中应尽量避免的情况。

（1）重复次数太多。

（2）处理时间过长。

（3）犹豫、拿不定主意。

（4）畏难情绪，中途将问题移交给别人处理。

（5）听不懂客户的地方方言。

3. 学会控制讲话的语速语气。控制语速的目标就是控制讲话的流程，从而让保户能够清晰地听到讲话，并且感到舒适。当语速与听众能够接受的感到舒适的语速二者不一致时，他们就会失去兴趣。急缓适度的语速能吸引住听者的注意力，使人易于吸收信息。

如果语速过快，他们就会无暇吸收说话的内容；如果过慢，声音听起来就非常阴郁悲哀，令人生厌，听者就会转而他就；如果说话吞吞吐吐、犹豫不决，听者就会不由自主地变得十分担忧、坐立不安了。控制语速的常见技巧如下：

（1）保持稳定的语速。如果调整到能够清晰地讲出每个词，那么语速就刚好合适。

（2）不时地随着需要达到的效果变化语速。讲到关键处时，要有个小小的变化（有时加速，更多的时候减速）为讲话增加趣味性。语速略微夸张点有助于吸引听众的注意力。

（3）使用停顿。停顿是喘息的间歇，或者讲话过程中出现的安静时刻。它在思考下一步要如何阐述观点时能够很好地起作用，有助于控制讲话速度而不至于讲得太快。最重要的一点，停顿有助于你省去语气词，最常见的有“呒”“嗯”“你知道”“比如”，这些词经常是由于自言自语或者寻找合适的词而讲出来的。当频繁使用这些词时，它们就会让讲话显得比连贯时更容易分散听众的注意力。

停顿就能够让说者停下来思考下一步要讲什么；这样就不会发出不必要的声音了。

4. 询问客户并将重要内容填写在《客户投诉登记表》上。

表 5－2　　　　　　　　　　　　**客户投诉登记表**

<table>
<tr><td>记录人</td><td></td><td>记录时间</td><td colspan="4">年　月　日　点　分</td><td>编号</td><td colspan="2"></td></tr>
<tr><td rowspan="4">客户情况</td><td>客户名称</td><td colspan="2"></td><td colspan="3">客户编号</td><td colspan="3"></td></tr>
<tr><td>客户地址</td><td colspan="8"></td></tr>
<tr><td>联系人</td><td></td><td colspan="2">联系电话</td><td></td><td colspan="3">传真</td><td></td></tr>
<tr><td>其他内容</td><td colspan="8"></td></tr>
<tr><td>投诉方式</td><td colspan="9">1. 电话　　2. FAX　　3. 信件<br>4. Email　　5. 来访　　6. 其他</td></tr>
<tr><td>投诉内容</td><td colspan="9"></td></tr>
<tr><td>客户要求</td><td colspan="9"></td></tr>
<tr><td>紧急度</td><td colspan="9">1. 非常紧急　　2. 急　　3. 普通</td></tr>
<tr><td>客户中心意见</td><td colspan="9"></td></tr>
<tr><td>销售中心意见</td><td colspan="9"></td></tr>
<tr><td>理赔中心意见</td><td colspan="9"></td></tr>
<tr><td>负责人批示</td><td colspan="9"></td></tr>
</table>

对于表 5－2 的各项记载，尤其是名称、地址、联络电话以及投诉内容必须复述一次，并请客户确认。

### （五）探讨解决方案

所有的客户投诉都必须向其提出解决问题的方案。在提供解决方案时，必须考虑下列几点：

掌握问题重心，分析投诉事件的严重性。通过倾听将问题的症结予以确认之后，要判断问题严重到何种程度，以及客户有何期望，这些都是处理人员在提出解决方案前必须考虑的。

**案例分享**

客户对于保单递送时间延迟十分不满，进行投诉。

1. 了解客户不满意的原因。首先要确认此行为是否已对客户造成经济上的损失，若是希望赔偿，其方式是什么，赔偿的金额为多少，这些都应该进行相应的了解。

2. 按照既定的办法处理。客服部门一般对于客户投诉有一定的处理方法，在提出解决客户投折的办法时，要考虑到既定方针。有些问题只要引用既定的办法，即可立即解决，例如递送保单、理赔服务的处理；至于无法援引的问题，就必需考虑做出弹性的处理，以便提出双方都满意的解决办法。

3. 处理者权限范围的确定。有些客户投诉可以由客服部门的客户服务人员立即处理，有些就必须报告客服经理，这些都视客服部门如何规定各层次的处理权限范围而定。

在服务人员无法为客户解决问题时，就必须尽快找到具有决定权的人士解决，如果让客户久等之后还得不到回应，将会使其又回复到气愤的情绪上，前面为平息客户情绪所做的各项努力都会前功尽弃。

【温馨提示】

1. 寻找解决方案的技巧。

（1）不受客户抱怨的影响，就事论事、耐心解释，援引商场的政策制度和国家法律法规进行处理。

（2）圆满的解决方案要使客户感觉到公平合理。

（3）超出处理者权限范围的，要向客户说明，并迅速请示上一级管理者。

（4）对于确实属于保险公司员工失误的，要迅速与相关的管理者一同处理投诉。

（5）暂时无法处理的，可将事情详细记录，留下客户的联系电话，并承诺尽快答复。

2. 应注意避免的问题。

（1）处理问题过于死板，完全按公司政策制度处理。

（2）一味地满足客户要求，给予不合理的承诺。

（3）将问题推给楼面的同事处理。

（4）超出处理者权限范围的，不能第一时间汇报。

（5）忘记给客户一个处理结果的答复。

### （六）达成初步协议

处理人员所提出的任何解决办法，都必须亲切诚恳地与客户沟通，并获得对方的同意，否则客户的情绪还是无法恢复。若是客户对解决方法还是不满意，必须进一步了解对方的需求，以便做新的修正。有一点相当重要：对客户提出解决办法的同时，必须让对方也了解客服部门为解决问题所付出的诚心与努力。

1. 达成初步协议的方法。

（1）同客户商量已经提出的解决方案。

（2）表示我们已经尽最大的努力来解决问题。

（3）迅速执行客户同意的解决方法。

2. 应注意避免的问题。

（1）具体解决的时间太长。

（2）没有将此事追踪到底。

### （七）感谢客户

1. 结束接待的技巧。
（1）感谢客户给我们工作提出的不足。
（2）表示今后一定改进工作。
（3）对由于我方失误而造成的客户不便予以道歉。
2. 结束接待时要避免的问题。
（1）没有感谢客户。
（2）对不满意的客户，未将情况迅速汇报。
（3）对不满意的客户表现出不在乎或讨厌的态度。
3. 学生分角色（投诉人和客服人员）演示结束接待，并完成《投诉登记表》的过程。

## 综合训练

### 一、单选题

1. 定位客户需求时首先要（　　）。
A. 把握客户的基本情况　　B. 看好客户的侧重点
C. 向客户推销产品　　D. 询问客户的喜好
2. 倾听意味着（　　），排除杂念。
A. 想好下面要说的话　　B. 尽可能地多向客户介绍产品
C. 提出好的问题　　D. 自己只听不说
3. 与客户沟通过程中，下列（　　）方式不能表明您对说话内容感兴趣。
A. 保持视线接触　　B. 表示赞同
C. 打断客户的谈话　　D. 让人把话说完
4. 下列不属于与客户沟通的模式是（　　）。
A. 礼貌待客式　　B. 规范服务式
C. 技巧推广式　　D. 个性服务式
5. 礼貌待客讲究即时应对，下列不属于即时应对的是（　　）。
A. 时间即时　　B. 空间即时
C. 语言即时　　D. 地点即时
6. 电话接通后首先要做的是（　　）。
A. 说明自己的身份　　B. 宣传自己的公司
C. 说明约访事由　　D. 介绍保险产品
7. 下列（　　）不属于接手孤儿保单的基本步骤。
A. 拜访前准备　　B. 了解保单存在的问题
C. 接触客户　　D. 了解客户情况

8. 保险理赔环节不包括下面哪一步（　　）。

A. 受理报案　　B. 立案

C. 审核　　D. 承保出单

9. 受理报案就是（　　）发生保险事故后，被保险人要立即通过口头或函电方式通知保险公司。

A. 保险标的　　B. 投保人

C. 被保险人　　D. 报案人

**二、判断题**

1. 要了解客户的情况基本，你最直接的途径是通过与客户的文字交流。（　　）

2. 沟通意味着与别人进行意见交流或是共享，这需要比谈话有更高的技巧。（　　）

3. 别人说的和我们所听到的可能会产生理解上的偏差，我们个人的分析、假设、判断和信仰可能会歪曲我们听到的事实。（　　）

4. 为了改进人们的沟通，应提倡“积极地倾听”，所谓积极地倾听就是被动地听对方所说的话，不提任何问题。（　　）

5. 聆听时，必须看着对方的眼睛。人们判断您是否在聆听和吸收说话的内容，是根据您是否看着对方来做出的。（　　）

6. 客户服务人员提供的语言和非语言服务信息不一致时，客户会倾向于相信语言反映出来的服务信息。（　　）

7. 电话回访在概念上是很广义的，确切地说电话回访对我们而言应该叫做电话销售或是电话销售，是随着消费者为主导的市场的形成，以电话为手段的销售手法。（　　）

8. 打电话的基本动作是：坐姿端正，右手持听筒，左手拿笔，准备好客户档案和记录本。（　　）

9. 电话接通后的第一句“开场白”是非常重要的，应当包括对客户的问候、对自己身份的介绍、对客户时间方便与否的询问等内容。（　　）

10. 人们购买保险产品的初衷往往是为了在万一发生风险时能够获得经济上的补偿，而这种补偿一般要通过保险承保来实现。（　　）

11. 保险公司在出险后依据保险合同约定向保户理赔有两种方式：赔偿和给付。（　　）

12. 车险出险后要在48小时内报案，否则保险公司有权不予赔偿。（　　）

13. 诚实、诚恳、诚心诚意其实就是最好最有效的解决客户投诉的方法与技巧。（　　）

14. 良好的心理素质是投诉人的必备能力。不论遇到什么类型的投诉人，不论处理多么复杂的投诉案件，首先得让自己保持心态平稳。（　　）

15. 很多客户在投诉时会表现出烦恼、失望、泄气、发怒等各种情感，客服人

员应当把这些表现当作是对客服人员个人的不满。　（　）

### 三、案例分析

李某原有一辆马自达轿车，2005年3月，他为车辆购买了1年的综合险。同年12月31日上午，他将轿车转让过户给好友陈某，但尚未向保险公司书面申办保险合同批改手续。下午，陈某让司机段某驾驶该车到荆州办事，途中，轿车撞上分道标志牌。2006年1月，保险公司为该车定损为7900余元。陈某拿着李某的保单去理赔，请回答以下问题：

1. 陈某应在何时进行报案？
2. 判断陈某有没有报案资格？
3. 陈某报案时应告知提交哪些资料？

### 四、实务操作题

资料：客户投诉事由如下：客户李明购买本公司保险产品每年9月1日应支付保费3500元，约定由保险代理人每年在交费日前进行短信提醒，但今年保险代理人没有进行提醒致使李明没有按时缴费，造成保单失效。

要求：1. 请两名同学分别扮演客服人员和投诉客户，进行客户投诉的受理工作并填写《客户投诉登记表》。对于表内的各项记载，尤其是名称、地址、联络电话以及投诉内容必须复述一次，并请客户确认。

表5－3　客户投诉记录表

<table>
<tr><td>记录人</td><td></td><td>记录时间</td><td colspan="4">年　月　日　点　分</td><td>编号</td><td colspan="2"></td></tr>
<tr><td rowspan="4">客户情况</td><td>客户名称</td><td colspan="2"></td><td colspan="3">客户编号</td><td colspan="3"></td></tr>
<tr><td>客户地址</td><td colspan="8"></td></tr>
<tr><td>联系人</td><td></td><td colspan="2">联系电话</td><td></td><td colspan="3">传真</td><td></td></tr>
<tr><td>其他内容</td><td colspan="8"></td></tr>
<tr><td>投诉方式</td><td colspan="9">1. 电话　2. FAX　3. 信件<br>4. Email　5. 来访　6. 其他</td></tr>
<tr><td>投诉内容</td><td colspan="9"></td></tr>
<tr><td>客户要求</td><td colspan="9"></td></tr>
<tr><td>紧急度</td><td colspan="9">1. 非常紧急　2. 急　3. 普通</td></tr>
<tr><td>客户中心意见</td><td colspan="9"></td></tr>
<tr><td>销售中心意见</td><td colspan="9"></td></tr>
<tr><td>理赔中心意见</td><td colspan="9"></td></tr>
<tr><td>负责人批示</td><td colspan="9"></td></tr>
</table>

2. 语速练习，将语速降低下来，需要把握好停顿的地方，例如：段与段之间的需要停顿；介绍嘉宾需要停顿；句与句之间以及重要的句子需要停顿。停顿的时间，其他人可以给你一个鼓励或者肯定的奖励。语速快慢也是一个人的风格，但有

一个标准，最长不能超过300字每分钟，声音可高可低，富有韵味，语速在100～300字每分钟，调整自如，如此坚持练习一周。

## 项目小结

项目五 人身保险客户服务业务

- 步骤一 提供业务咨询
- 步骤二 电话回访
- 步骤三 处理“孤儿保单”
- 步骤四 接待理赔报案
- 步骤五 投诉处理

## 评 价

明星是5颗☆　　勇士是3～4颗☆　　菜鸟是2颗☆及以下

| 项目 | 知识掌握能力 | 知识运用能力 | 学习热情程度 | 回答问题表达能力 | 合　计 |
|---|---|---|---|---|---|
| 自评 | | | | | |
| 同学评 | | | | | |
| 老师评 | | | | | |
| 合计 | | | | | |

# 参考文献


1. 魏玲主编：《保险基础》，高等教育出版社，2009 年版。
2. 田燕主编：《人身保险实务》，电子工业出版社，2007 年版。
3. 田蕊主编：《保险客户服务》，清华大学出版社，2010 年版。
4. 王媛媛主编：《保险销售》，清华大学出版社，2010 年版。
5. 沈琳主编：《保险公司综合业务实训》，中国人民大学出版社，2010 年版。
6. 张红英主编：《汽车保险与理赔》，化学工业出版社，2010 年版。
7. 中国人民健康保险股份有限公司北京分公司业务管理部有关规定。
8. 中国人民财产保险股份有限公司北京市分公司第二营业部有关规定。
9. 中国人寿保险公司有关资料。
10. 中国平安保险公司有关资料。
11. 保宝网，http：//www.yxybb.com/。